왕실로 읽는
세계사

왕실로 읽는 세계사

살아남기 위한 세계 왕실의 치열한 생존기

우야마 다쿠에이 지음

전경아 옮김

책밥

살아남기 위한 세계 왕실의 치열한 생존기

왕실로 읽는 세계사

—

2019년 10월 15일 1판 1쇄 인쇄
2019년 10월 25일 1판 1쇄 발행

—

지은이 우야마 다쿠에이
옮긴이 전경아
펴낸이 이상훈
펴낸곳 책밥
주소 03986 서울시 마포구 동교로23길 116 3층
전화 번호 070-582-6707
팩스 번호 02-335-6702
홈페이지 www.bookisbab.co.kr
등록 2007.1.31. 제313-2007-126호

—

기획·진행 권경자
디자인 프롬디자인 한정수

—

ISBN 979-11-86925-92-8 (03900)
정가 16,800원

—

책밥은 (주)오렌지페이퍼의 출판 브랜드입니다.

———

이 도서의 국립중앙도서관 출판예정도서목록(CIP)은 서지정보유통지원시스템 홈페이지
(http://seoji.nl.go.kr)와 국가자료공동목록시스템(http://www.nl.go.kr/kolisnet)에서
이용하실 수 있습니다. (CIP제어번호 : CIP2019039231)

"

왕은 군림하되 통치하지 않는다.

The king reigns, but does not govern.

"

전 세계적으로 연예인보다 더 많은 관심과 사랑을 받는 사람들이 있다면 그건 왕과 왕실 가족일 것이다. 그들의 일거수일투족은 과거는 물론 현재까지도 많은 사람들에게 영향을 미치고 있는 것이 사실이다.

이 책은 유럽 각국의 왕실을 비롯해 중동과 아프리카에 이르는 전 세계 왕실의 역사를 알기 쉽게 해설한 획기적인 책이다.

그뿐 아니라 중국과 러시아 등 왕실이 남아 있지 않은 나라에 대해서도 왜 왕실이 사라졌는지에 대해 설명한다. 따라서 우리는 이 책 한 권으로 전 세계 왕실의 과거와 현재를 속 시원히 알 수 있다.

왕실이 남아 있는 나라와 남아 있지 않은 나라, 가령 영국(=왕국)과 프랑스(=공화국)는 왜 운명이 갈린 것일까? 양국의 국민은 왜 그런 선택을 했을까?

또한 강력한 황제 체제를 자랑하던 중국은 왜 그 제도를 없애버렸을까? 사우디아라비아를 비롯한 중동의 왕은 대체 어떤 사람들일까?

그리고 왕실 체제를 유지하는 것이 좋은 일인가, 아니면 나쁜 일인가? 21세기에 들어선 지금, 왕이란 어떤 존재인가? 이러한 의문을 독자 여러분과 함께 생각해보고 싶다.

세계 왕실의 역사에 대해 살펴보는 것은 세계사를 알아가는 길이다. 많은 독자들과 함께 이 책에서 왕실을 통해 세계사의 역동적인 모습을 대략적으로나마 살펴보고자 한다.

2018년 11월

우야마 다쿠에이

유럽의 군주들

제 **3** 장

영국, 프랑스, 네덜란드의 왕실

제

6

장

중국의 왕실

중동의 왕실

제 1 장

세계 왕실에 대한 이해

왕과 왕실의 존재 이유

왜 혈통에 집착하는가

"혈통 나쁜 사람과는 어울리지 마라!"

한 시대 전만 해도 이런 차별 섞인 언사를 쉽사리 들을 수 있었다. 혈통과 집안이 결혼을 좌지우지하던 시대도 있었다. 지금도 있을지 모르지만, 혈통이 인간의 가치를 결정하지 않는다는 사실을 우리는 잘 알고 있다. 오늘날처럼 다양한 사회에서는 혈통이란 요인이 예전만큼 중요하지 않다.

하지만 왕은 다르다. 왕은 혈통 그 자체다. 왕은 핏줄, 혈통과 따로 떼어서는 존재할 수가 없다. '왕'을 의미하는 영어 King(킹)과 독일어 König(쾨니히)는 고대 게르만어인 kuni(쿠니)가 변화된 말이다. kuni는 '혈족·혈통'을 의미하는데, 영어와 독일어의 '왕'에는 '혈족·혈통'이라는 뜻이 마치 한 덩어리처럼 붙어 있다.

왕이 왕으로서 존재하려면 왕의 혈통을 이어 후대에 남겨야 한다. 즉 혈통의 연속성을 유지할 수 있느냐 없느냐가 관건이 되는 셈이다. 그런 의미에서 왕은 다소 바보 같아도 정력가에 여색을 좋아하고 자식이 많아야 한다.

왕의 혈통은 왕의 자기 만족을 위해서가 아니라 민중을 위해서도 필요하다. 그렇지 않으면 민중의 삶이 비참하고 고단해지기 때문이다. 과거 왕은 나라의 주인이었다. 아무나 왕이 될 수 있다고 한다면 야심가들이 주변의 시선은 아랑곳하지 않고 왕위를 노리고 쟁탈전에 나서 전쟁이 끊이지 않는 세상이 되어 버린다.

그래서 일반인이 왕위를 노리는 부정한 생각을 하지 못하도록 왕위계승자를 왕의 혈통으로 한정지었다. 왕의 혈통은 질서의 다른 이름이었다. 혈통이야말로 최고의 정치 원칙이자 유일하게 왕위의 정통성을 보장하는 것이었다. 혈통이 계승되면 왕은 전쟁을 막고 국가를 평화롭고 안정적으로 유지할 수 있었다. 왕의 혈통에 입각해 정권을 영원히 유지한다는 원칙이 찬탈과 변란을 막는 최대의 억지력이 되었던 것이다.

따라서 대가 끊이지 않고 순조롭게 왕위를 물려주는 것이 왕의 첫 번째 역할이었다. 왕이 병약하다는 이유로 자손을 만들지 못하면 왕위계승을 둘러싸고 온갖 분란이 일어난다. 아무리 유능하더라도 자손을 낳지 못하는 왕은 좋은 왕이라고 할 수 없었다.

정통주의의 부활

18세기 말, 프랑스 혁명이 일어나자 민중은 국왕 루이 16세와 왕비 마리 앙투아네트를 처형했다. 왕을 잃은 프랑스는 질서도 잃었다. 음모가 소용돌이치고 무뢰배들이 함부로 날뛰었다. 살육이 일상처럼 벌어지면서 사람들을 공포의 밑바닥으로 끌고 내려갔다.

그리고 그 무뢰배들의 대장 격으로 나폴레옹(후에 나폴레옹 1세가 되는 인물이다. - 옮긴이)이 등장했다. 나폴레옹을 따르던 장군들은 다들 정체를 알 수 없는 탐욕스러운 야심가들이었고, 그 장교들은 도적과 사기꾼, 살인자 등등 하나같이 사연 있는 자들뿐이었다. 나폴레옹은 이런 무서울 게 없는 사람들을 이끌고 온 유럽을 휩쓸고 다니며 약탈을 자행했다.

하지만 황제의 자리에 올라 자신의 야심이 충족되자 나폴레옹은 질서와 안정을 찾기 시작했다. 그리고 합스부르크가의 황녀 마리 루이즈와 결혼한 후에는 왕족의 일원으로서 프랑스 혁명으로 붕괴된 왕실의 질서를 재건하려고 했다.

마리 루이즈. 프랑수아 제라르 그림, 1810년, 루브르박물관 소장. 나폴레옹은 개성적인 미인이었던 그녀를 사랑했다. 하지만 나폴레옹이 정말로 사랑한 것은 합스부르크 황녀라는 그녀의 '혈통'이었다.

그러나 나폴레옹은 실패했다. 나폴레옹에게는 혈통의 정통성이 없었다. 혼인을 통해 합스부르크가의 인척이 되었다고는 하나 코르시카섬 출신의 촌스러운 시골뜨기라는 혈통은 지울 수 없었다.

나폴레옹 같은 시골뜨기가 황제가 될 수 있다면 자신도 황제가 될 수 있다고 생각하는 사람들이 많아지면서 아이러니하게도 나폴레옹의 존재 자체가 사회 불안과 변란의 온상이 되었다.

결국 나폴레옹은 보수파의 반격을 받아 실각하고 말았다. 그 후 1814~1815년에 열린 빈 회의(프랑스 혁명과 나폴레옹 전쟁에 대한 사후 수습을 위하여 빈에서 개최한 유럽 여러 나라의 국제회의를 말한다. – 옮긴이)에서는 유럽 제국의 왕실을 프랑스 혁명 이전 상태로 되돌리고 질서를 회복시키고자 '정통주의(레지티미즘)'를 채택했다. 이에 프랑스에서도 부르봉 왕조가 부활하기에 이르렀다.

유럽을 통해 배운 일본의 정통주의

프랑스 혁명과 나폴레옹 시대의 소동으로 뼈아픈 경험을 하게 된 유럽인은 '왕실의 안녕＝질서 유지의 근간'이라는 기초적 정치 원칙, 즉 '정통주의'의 중요성을 뼈저리게 이해하게 되었다. 단, 프랑스인은 이 원칙을 바로 잊고 다시 소용돌이(1848년 2월에 일어난 2월 혁명으로 프랑스의 루이 필리프 1세를 퇴위시켰다. – 옮긴이)에 휘말리게 되지만.

전 세계에서 정통주의 원칙을 중요하게 생각하는 나라가 있다면 그중 하나가 일본일 것이다. 일본에는 만세일계万世一系(일본 황실의 혈통이 단 한 번도 단절된 적이 없다고 주장하는 견해 - 옮긴이)의 천황가가 있다. 메이지 시대(메이지 천황의 통치를 가리키는 이름으로, 1868년 1월 3일 왕정복고의 대호령에 의해 메이지 정부가 수립된 후 1912년 7월 30일 메이지 천황이 죽을 때까지 44년간을 의미한다. - 옮긴이), 계몽사상가 후쿠자와 유키치가 "우리나라의 황통은 국체國體와 함께 끊어지지 않고 이어져 내려와 외국과 비교할 수 없다"(『후쿠자와 유키치의 문명론文明論之概略』, 정명환 옮김, 기파랑, 2012년)고 술회했듯이 일본의 황실은 고대에서 현재까지 이어져 내려왔다.

만세일계에 관해서는 이론과 제설이 분분하다. 하지만 1500년이나 되는 계보를 거슬러 올라갈 수 있는 일관된 왕통을 유지한 나라는 많지 않다.

일본에서는 중세 이후, 후지와라의 무인정권(9세기 말부터 후지와라 일족이 실권을 잡고 천황의 신임을 바탕으로 정치를 하던 것 - 옮긴이)부터 도쿠가와의 에도막부(도쿠가와 이에야스가 다이쇼군에 올라 에도에 연 무인정권을 말한다. - 옮긴이)에 이르기까지 어떤 무인정권도 천황의 지위를 침범한 적이 없으며, 무인들은 천황의 혈통이 신성불가침하다는 것을 깊이 이해하고 있었다. 그래서 천황이 위탁한 정권을 맡아서 다스린다는 전제하에 천황을 유일한 주도자로서 숭앙했으며 한 번도 그 입장을 바꾼 적이 없었다.

종종 유력자의 손에 왕통이 끊어졌던 다른 나라와 달리 일본의 경우 천황의 혈통이 계속적으로 이어져 변란과 혁명에 휘말리지 않았고 역사 속에서 안정된 국가를 유지했다.

왕의 혈통을 잃은 중국

역사상 정통주의가 가장 많이 짓밟힌 나라는 중국이다. 중국의 왕조는 자주 교체되었고 많은 왕조가 민중의 반란으로 붕괴되었다. 중국 황제는 민중에게 두려운 존재였지 공경을 받거나 사랑받는 존재는 아니었다.

혈통의 정통성은 중국인에게 고려의 대상이 아니었다. 그 증거로 거렁뱅이였다가 출세해 황제가 된 자가 있었으니, 14세기 명나라를 건국한 주원장朱元璋이 그 주인공이다. 그는 가난한 농민에서 출세하여 반란군 안에서 인망을 얻고 천하를 휘어잡아 홍무제洪武帝로 즉위했다. 기원전 3세기 말 한나라를 건국한 고조 유방劉邦도 같은 농민 출신이었으나 부농으로 유복했던 반면, 주원장은 가난한 농민으로 양친과 형제를 기아로 잃었다. 사정이 그러하니 읽고 쓰기도 하지 못해 성인이 되어 반란군에 몸을 던지고 나서야 공부를 할 수 있었다.

어두운 과거를 짊어진 채 많은 고난을 겪었기 때문일까? 의심이 많았던 주원장은 모반을 극단적으로 두려워했다. 그래서 자신의 측

홍무제. 14세기, 중국 국가박물관 소장. 주원장은 갖은 고난을 겪은 탓인지 기괴한 용모로 유명하다. 그는 초인적인 통찰력으로 전쟁에서 승리하고 권력을 장악했다.

근과 유능한 신하를 남김없이 처형했는데(측근 호유용과 남옥을 제거하면서 여기에 연루되었다는 죄를 뒤집어 씌워 처형한 사람이 무려 5만 명에 이르렀다. 이를 두 사람의 성을 따서 '호람의 옥'이라 부른다. — 옮긴이) 그 수만 7만 명에 달한다고 한다.

유능한 신하들은 아침에 일을 하기 위해 집을 나설 때, 집에 돌아오지 못할 수도 있다며 가족에게 이별을 고했고, 죽임을 당하지 않고 무사히 집으로 돌아오면 함께 재회를 기뻐했다고 한다.

명나라의 역대 황제들은 주원장을 따라 유능한 신하를 줄줄이 숙청했으므로 능력 있는 인재가 조정에 모이지 않고 우매한 정치가 계속되어 발전이 저해되었다.

정통주의가 철저하게 관철되지 못하면 뿌리가 어디인지도 모르는 자가 왕좌에 올라 이렇게 의심암귀에 빠지고 인심이 흉흉해지는 상황을 초래한다.

가난한 농민의 자손이었던 주원장을 시조로 하는 명나라의 황실에는 위엄도 정통성도 아무것도 없었고, 있는 것이라곤 공포 정치와 음모, 부패와 체념뿐이었다.

국가의식이 뿌리내리지 못한 나라

'피죽도 먹지 못하던 가난한 농민'이 황제가 될 수 있었으니 외부에서 침입한 이민족도 황제가 될 수 있었다. 몽골인 등은 불시에 궁궐을 습격하여 황제를 폐위시킨 후 자신이 그 옥좌에 앉았다.

이렇게 왕조가 자주 바뀐 탓에 중국에서는 국가의식이 뿌리내리지 못했다. 국가의식이 없다 보니 공공의식도 생기지 않았다. 사람이 길에 쓰러져도 아무도 도와주지 않고, 쓰레기와 미세먼지가 심각해도 나몰라라 한다. 그렇게 자기만 괜찮으면 된다는 사람들만 모인 황폐한 사회가 되고 말았다.

이는 정통주의를 경시하고 무뢰배와 찬탈자가 패권을 경쟁하는 무질서한 세상이 장기적으로 계속되면서 생긴 결과다. 역사적으로 나라의 지주가 되어야 할 정신과 규범이 결핍된 상태가 만성화되면서 공산당 정권이 들어선 오늘날까지 이어진 것이다.

중국은 공산주의를 표방하지만 실제로는 자본주의 경제 체제 안에서 일부 사람들이 폭리를 취하고 있는 상황이다. 그런데도 현재의 중국 민중은 그 모순을 이상하게 생각하지 않는다. 그들에게 정신과 규범을 바탕으로 한 국가의식이 자리 잡지 못했기 때문이다.

세계 왕실의 현재

처음부터 너무 무겁고 어려운 이야기를 꺼낸 듯하니, 이쯤해서 잠시 준비 운동을 해보려 한다. 현재 세계 여러 나라 중 왕실이 존재하는 나라는 몇이나 될까? 정답은 27개국이다(그림 1-1 참조).

18세기에는 대부분의 나라에 왕이 있었으나 시민혁명과 민주화, 혹은 식민지배와 공산주의 혁명을 거치면서, 현재 27개국에만 왕실이 남아 있다.

그중 아시아에는 6개 나라에 왕실이 존재한다. 일본과 동남아시아의 여러 나라에 남아 있고, 인도·중앙아시아 방면에는 왕실이 남아 있지 않다. 태국에서는 2016년에 재위 기간이 70년으로 가장 길었던 라마 9세(푸미폰 국왕)가 붕어했다. 그리고 라마 10세(와찌랄롱꼰 국왕)가 그 왕위를 물려받았다. 참고로 푸미폰 국왕이 세상을 떠난 후에는 현존하는 왕 중 영국의 엘리자베스 2세의 재위 기간이 가장 길다.

유럽에는 10여 개 나라에 왕실이 존재한다. 영국 왕실을 비롯해 북유럽 3개국(덴마크, 스웨덴, 노르웨이)과 베네룩스 3국(벨기에, 네덜란드, 룩셈부르크) 등에 왕실이 남아 있다. 이 중 스페인 왕실은 프랑스의 태양왕 루이 14세의 혈통을 이어받은, 유럽 안에서도 가장 역사가 깊은 왕가다. 영국에서는 2018년에 해리 왕자와 메건 마클이 결혼식을 올리며 화제를 모았다.

중동에는 6개 나라에 왕실이 있다. 사우디아라비아 왕실을 비롯한 중동의 왕실은 석유 이권을 손에 거머쥐고 차원이 다른 호화로운 삶을 사는 것으로 유명하다. 반면에 국민은 아주 궁핍하여 굶주림에 시달린다. 최근에는 사우디아라비아의 무함마드 왕세자가 저널리스트 자말 카슈끄지 기자의 살인 사건과 관련이 있다는 보도가 나오기도 했다.

이 책에서는 현존하는 왕실이 어떤 혈통과 역사를 갖고 오늘날에 이르렀는지를 속 시원하게 해명한다. 더불어 각국 왕실이 그 나라와 사회의 특징(문화·종교, 경제·계급 등)과 어떻게 관계되어 있는지를 근본적으로 이해하고자 한다.

현재 왕실이 남아 있지 않은 나라도 살펴볼 것이다. 가령, 러시아와 중국은 왜 왕실이 이어지지 못했는지, 그것이 국가에 어떤 영향을 미쳤는지도 생각해보자. 미국처럼 원래 왕실이 없는 나라도 있다. 미국에서 건국의 아버지라 불리는 이가 왕이 없는 자신의 나라를 어떻게 생각했는지에 대해서도 살펴보자.

| 그림 1-1 | 왕실이 존재하는 나라

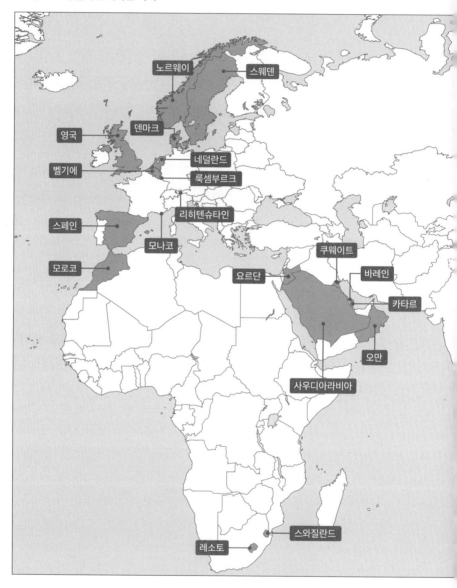

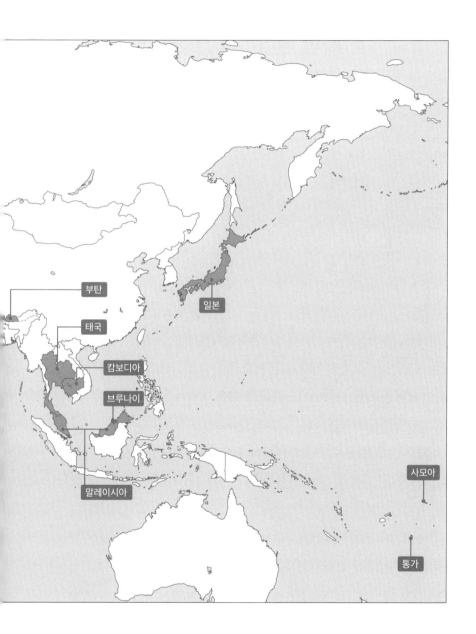

부탄

태국

캄보디아

브루나이

말레이시아

일본

사모아

통가

02

왕위계승에 있어
남녀차별이 존재하는가

남계 천황으로 한정시킨 것은 여성차별

지난 2016년 국제연합 여성차별철폐위원회에서 일본의 〈황실전범〉에 대해 '여성차별'이라고 규정한 적이 있었는데, 국제기구가 그같이 지적한 〈황실전범〉에는 다음과 같은 내용이 포함되어 있다.

황위는 황족에 속한 남계 남성이 승계한다.
〈황실전범〉(황위계승 등 황실에 관한 규정－옮긴이) 제1조

국제연합의 여성차별철폐위원회는 황위계승권이 남계 남성인 황족에게만 있는 것은 여성에 대한 차별이라고 비판하며 일본에 〈황실전범〉을 개정하라고 권고할 계획이었다. 하지만 일본 정부의 반발

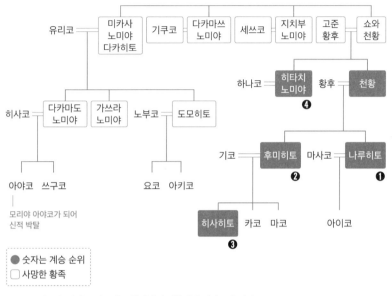

| 그림 2-1 | 일본의 황족과 황위계승 순위

※ 2019년 5월 1일자로 나루히토 황태자가 천황에 올랐다.−옮긴이

로 최종보고서에서는 해당 조항을 삭제했다.

물론 〈황실전범〉이 여성차별을 의도한 것은 아니다. 다만 여성
차별철폐위원회는 〈황실전범〉에 왜 이런 조항이 있는지, 그 역사적
배경을 잘 인지하지 못했을 수는 있다.

남성차별이나 여성차별은 단순히 성별을 가리키지만 남계 천황
이나 여계 천황의 경우는 성별과 무관하다. 남계 천황이란, 황족의
부친과 일반 여성 사이에서 태어난 천황을 가리키며 성별은 따지지
않는다. 가령 아이코(현 나루히토 천황의 딸−옮긴이) 공주가 천황에 즉위

하게 되면 남계의 여성 천황이 되는 것이다.

여계 천황은 황족의 모친과 일반 남성 사이에서 태어난 천황으로 역시 성별은 따지지 않는다. 가령 아이코 공주가 일반 남성과 결혼해 아들을 낳고 그 남자가 천황에 즉위하면 여계의 남성 천황이 된다. 그렇다면 일본에서는 역사적으로 '여계 천황'을 왜 인정하지 않았을까?

과거 일본의 천황 중에는 여덟 명의 여성 천황이 존재했는데, 이들 여성 천황은 전부 남계의 여성 천황이었다. 일본 역사상 여성 천황은 존재했으나 여계 천황은 존재하지 않았다. 오늘날에 이르기까지 천황가는 남계를 벗어난 적이 없다.

천황가는 일반 여성을 황후로 맞이하여 황족으로 삼은 경우는 있어도 일반 남성을 황족으로 삼은 경우는 없었다. 그야말로 일반 남성은 황족이 될 수 없었다. 즉 남계 계승이란 여성을 배제하는 제도가 아니라 오히려 남성을 배제하는 제도다. 그런 의미에서 국제연합 여성차별철폐위원회가 말하는 여성차별에는 해당되지 않는다.

여계 천황을 인정하지 않는 이유

그렇다면 왜 남계 승계를 유지해야 하는 것일까? 여성 천황이 일반 남성과 결혼해 자식을 낳았다고 치자. 그러면 태어난 아이는 그 일반 남성 가계의 아이가 된다. 그 아이가 황위를 계승하면 그 일반 남성의 가계가 새로운 왕조가 되는 것이다.

여계 천황을 인정한다는 것은 새로운 왕조가 탄생한다는 의미가 된다. 야심을 가진 남자가 황족에 접근해 자신의 아이를 천황에 즉위시키면 얼마든지 자신의 왕조를 만들 수 있다는 말이다.

이러한 규정이 없었던 유럽에서는 실제로 여왕의 즉위로 나라를 빼앗긴 예가 여러 번 있었다.

유명한 예가 스페인이다. 합스부르크가의 황자 필립(후에 펠리페 1세가 되는 인물로, 잘생겨서 '미남왕'이라는 별명이 있었다. – 옮긴이)은 스페인 왕녀 후아나와 결혼해 카를 5세(스페인명 카를로스 1세)를 낳는다. 후에 스페인 왕국에 대를 이을 남자 후계자가 모두 죽자, 카를 5세가 스페인 왕위를 상속받는다. 이렇게 해서 합스부르크가는 합법적으로 스페인 왕국을 빼앗게 된다.

이 방법으로 합스부르크가는 제국을 빼앗고 오스트리아와 독일, 네덜란드, 벨기에, 스페인에 걸친 광대한 영토를 보유한 대제국(신성로마 제국)을 건설한다. 합스부르크가는 나쁘게 말하자면 '결혼사기단'이라 할 수 있다. 필립처럼 잘생긴 남자를 앞세워 각국의 귀족 딸을 홀려 제국을 교묘하게 빼앗은 것이다.

합스부르크가뿐만 아니라 유럽의 왕후귀족 중에는 이러한 사례가 꽤 있었다.

남계 계승을 부정하는 사람들의 논리

황실의 남계 계승을 부정하는 사람들이 '남계 계승은 중국의 가부장제에서 유래하는 것'이라고 주장하는 경우가 많은데 이는 사실이 아니다. 가부장제란 아버지가 집안의 가장으로 통솔권을 갖는다는 개념이며, 중국에서 유래했다기보다는 어느 나라, 어느 지역에서나 볼 수 있는 일반적인 개념이다. 가부장제를 '중국에서 유래한 부끄러운 봉건주의의 산물'로 부정함으로써 여계 승계를 인정하려는 꼼수에 불과하다.

현재 일본 황제 가문인 아키시노미야가에는 2019년 5월 1일자로 장남 나루히토가 천황에 오르면서 당장에 남계 황위계승이 끊어질 일은 없다. 남계 계승을 지키면서 장기적인 관점에서 황위를 안정적으로 계승하기 위해서는 전후에 황적을 이탈시켰던 구 미야케(황적이 이탈된 11궁가 51명의 전 황족들을 가리킨다. - 옮긴이)의 복귀까지 선택지에 넣고 이를 국민이 납득할 수 있도록 착실히 논의해 나가는 방법밖에 없다.

천황에게는 성姓이 없다. 일본에서 성이란 천황에게 받은 조정에서의 직무와 지위를 나타내는 것이다. 천황이 스스로 자신에게 성을 줄 수 없기 때문에 성을 가지지 못한 채 오늘날에 이르렀다. 또한 일본 황실이 만세일계였던 것도 성이 없는 큰 이유다. 다른 나라들처럼 빈번하게 왕조가 바뀌었다면 성에 따른 구별도 필요했겠지만 가계가 하나밖에 없는 일본 황실에서는 딱히 구별의 필요성을 느끼지 못했다. 참고로 천황에게 받는 것이 성이라면, 이름은 개인이 자유롭게 붙이는 것이고, 씨氏는 고대 친족 간에 붙인 집단의 이름을 가리킨다.

사실 아시아도 일부일처제

일반적으로 아시아에서는 일부다처제가 인정되었으나 유럽에서는 금지였다고 한다. 하지만 이러한 설명은 정확하지 않다. 과거 중국을 비롯해 일본과 중동 같은 아시아계 왕조에서는 황제와 왕이 많은 측실을 두었기 때문이다. 귀족과 제후들에게도 측실이 있었지만 이것만 보고 일부다처제가 인정되었다고 할 수는 없다.

측실이란 문자 그대로 정실의 측에 있는 존재로, 아내가 있는 남성이 데리고 사는 첩실에 불과했다. 정실만이 유일한 아내이자 가족이었고 그런 의미에서 정실만이 정식 아내였다. 황실과 왕실에서도 황후나 왕후를 제외한 비들은 측실로, 엄밀히 말하면 아내로 인정하지 않았다. 적어도 겉보기에는 아시아도 유럽과 마찬가지로 일부일처제인 셈이다.

유럽에서 일부다처제가 금지된 이유로 기독교에서 금했기 때문이라는 속설이 있다. 하지만 성서의 어디에도 그러한 계율은 명시되어 있지 않다. 유럽도 중세까지는 일부다처제였다. 8~9세기에 활약한

카를 대제(카롤루스 대제라고도 한다. 프랑크 왕국 카롤링거 왕조의 제2대 왕 –
옮긴이)도 여러 명의 아내를 두었다. 그러다 근세로 갈수록 사회통념
상 일부다처제를 기피하는 관습이 정착되기 시작했고, 후에 로마 가
톨릭 교회도 이 관습에 편승하여 일부다처제를 금지했다.

언제 정착되고 왜 기피하게 되었는지 그 이유는 정확히 알지 못
한다. 여성을 배려하는 마음에서 그렇게 했다는 해석도 있으나 그
이유가 전부는 아닐 것이다. 그도 그럴 것이 유럽의 왕후 귀족은 '왕
의 연인'을 공식적으로 인정했기 때문이다.

측실제와 공첩제의 차이

측실과 왕의 연인이 결정적으로 다른 점은 그 아이가 왕위계승
권을 가졌느냐 그렇지 않느냐의 차이다. 측실이 낳은 아이에게는 왕
위계승권이 주어졌으나 왕의 연인이 낳은 아이에게는 왕위계승권이
주어지지 않았다.

아시아에서는 왕의 자식이기만 하면 어미가 누구이건 간에 왕위
계승권자로 대우했다. 하지만 유럽에서는 왕의 연인이 낳은 자식을
왕의 정식 자손으로 보지 않았고, 왕위계승권이나 재산상속권도 인
정하지 않았다(일부 예외는 있었다). 왕의 연인이 낳은 자식은 부왕에게
작위를 받고 귀족이 되는 것이 통례였다.

■ 측실제와 공첩제

	지역	자손의 왕위계승권	평가
측실제	아시아	있음	첩실
공첩제	유럽	없음	왕의 브레인

고대 그리스의 아리스토텔레스는 "태어날 아이의 온갖 형상(성질)은 남자의 씨(정자)로 결정되며, 여자는 그저 그 씨를 받아서 키우는 토지와 같은 존재에 불과하다"고 술회했다. 유전자공학에 관한 지식이 없던 시대라 이런 발상이 가능했겠지만 이러한 아리스토텔레스적 발상을 후에 공유한 곳은 유럽이 아니라 바로 아시아였다. 측실제와 공첩(왕의 연인 혹은 정부)제의 차이가 그것을 여실히 드러낸다.

왕의 연인이 낳은 아이도 왕의 자손이 분명하건만 왜 왕의 자손으로 인정받지 못한 것일까? 어떤 책에서는 왕위계승권을 혼외 출생자까지 확대해 인정하면 불만분자가 혼외 출생자를 추대할 수 있어 내란의 원인이 된다고 설명한다. 분명 그런 일도 있었을 것이다.

하지만 진짜 이유는 아시아보다 유럽이 신분 질서에 보수적이었던 까닭일 것이다. 아시아 국가의 왕실처럼 여성의 신분 귀천을 불문하고 왕이 낳은 아이를 왕의 자손으로 인정한다는 관대함이 없었다. 유럽의 왕실에서 왕의 자손으로 인정받기 위해서는 그 모친도 역시 고귀해야 한다는 강박관념이 있었다고 봐야 할 것이다.

한편 아시아의 왕실에서 측실이 낳은 아이를 왕의 자손으로 인정한 이유는 앞에서 설명한 대로 아리스토텔레스적 남존여비 사상이 근

퐁파두르 부인의 초상. 프랑수아 부셰 그림, 1758년, 알테 피나코텍 소장. 왕의 연인이었던 퐁파두르는 볼테르(계몽주의 시대를 대표하는 작가이자 사상가−옮긴이)와 디드로(프랑스의 작가이자 사상가−옮긴이) 같은 계몽사상가를 지원하고 여성에 대한 교육도 적극적으로 추진했다.

저에 깔려있었기 때문이다. 혼인 출생과 혼외 출생에 대한 개념은 유럽과 아시아에서 일장일단이 있었다고 할 수 있다.

참고로 프랑스 왕 루이 15세의 연인이었던 퐁파두르 부인으로 대표되는 왕의 연인은 공식적인 자리였으며, 왕의 조력자로서 외교와 인사, 학예 진흥에 깊이 관여했다. 당시 유럽에서 왕의 연인은 단순한 연인이 아니라 궁정의 정치와 문화를 떠받치는 조정의 대신과 같은 역할을 했다.

▌유럽에서 여계 계승을 인정한 까닭

측실제가 있던 아시아에서는 황제와 왕이 몇십 명이나 되는 자식을 두는 게 보통이었다. 황제와 왕 자신이 건강하기만 하다면 남계 자손을 얼마든지 남길 수 있어 대가 끊어질 우려가 없었다. 남계 남성의 자손이 끊어지지 않도록 측실제를 둔 것은 왕실이든 귀족 집안이든 마찬가지였다.

한편 유럽 왕실에서 남계 계승을 유지하지 못한 이유는 측실제가 없었기 때문이다. 왕에게 연인이 있어 자식을 많이 낳을 수 있어도 그 아이에게는 왕위계승권이 주어지지 않았고, 황후 혹은 왕후가 출산해야만 왕통을 계승할 수 있었다.

당연히 황후 혹은 왕후에 따라서는 자식을 보지 못하거나 딸만 낳는 일이 빈번하게 일어났다. 부부의 불화로 자식이 생기지 않는 경우도 있었다. 그런 상황에서 남계 계승에 연연하면 왕통이 단절된다. 따라서 여제·여왕, 여계 계승을 인정하여 왕통을 계승하고 나라를 안정시키려 한 것이다. 그 결과, 앞서 소개한 합스부르크가의 왕위계승과 같은 일이 빈번하게 발생했다.

정통주의에 입각해 왕통과 국체의 영속성을 관철하려는 입장에서 보면 측실제로 남계 남성의 자손을 확보하는 방법은 더없이 합리적이다.

하지만 오늘날 도덕적 관점에서 사람들에게 측실제가 받아들여지지 않으리란 것은 불 보듯 뻔하다. 본래 민중의 사회통념을 황실에 적용하는 건 불손하다 생각할 수도 있는 일이지만, 황실·왕실의 위엄이 만인에게 보편적으로 통용되려면 사회통념을 절대로 무시할 수 없다. 그러한 면에서 보자면 측실제를 폐지한 현재의 일본 황실에서는 남계 계승만을 고집할 수 있느냐는 가장 큰 고민일 것이다.

"

개인 사이에는 법률과 계약서와 협정이
신의를 지키는 데 도움이 된다.
하지만 권력자 사이에 신의를 지킬 수 있는 것은
힘밖에 없다.

"

니콜로 마키아벨리, 『마키아벨리 군주론』 중에서

제 **2** 장

유럽의 군주들

왕과 황제는
똑같지 않다!

황제는 왕보다 높다고 할 수 있는가

현재 세계에서 '황제'라 불리는 인물은 딱 한 명밖에 없다. 바로 일본의 천황이다. 전 세계적으로 왕은 여럿 있지만 황제라 불리는 사람은 일본의 천황밖에 없다.

황제란 일반적으로 광대한 영역을 지배하는 군주로 여러 지역과 나라, 민족의 왕을 거느린다. 그런 의미에서 일본이라는 한 나라의 군주에 불과한 천황은 황제보다는 왕에 가까워 보인다.

유럽에서는 '카이사르(로마의 정치가이자 장군 – 옮긴이)의 후계자'들이 로마 시대를 통치한 이래, 이들이 곧 황제였다. 그래서 황제는 독일어로 '카이저Kaiser', 러시아어로는 '차르Czar'라 불리며, 모두 카이사르(영어로는 시저)를 가리킨다. 로마 제국의 초대 황제는 아우구스투

스지만 제국의 기초를 다진 이는 카이사르다. 그를 추모하는 의미에서 개인의 이름이 최고 권력자를 뜻하는 칭호가 되었고, 그것이 지속적으로 이어져 내려온 것이다.

우리는 보통 카이저와 차르를 '황제'라고 번역하지만, 그 단어 자체에 '황제'라는 의미는 없다. 로마군 최고사령관을 의미하는 '임페라토르imperator(라틴어)'가 '황제'의 의미와 더 가깝다고 할 수 있다. '임페라토르'는 '임페리움(명령권)을 가진 자'라는 뜻으로, 후에 영어로 '황제'를 의미하는 '엠퍼러Emperor'로 쓰이게 된다.

▌로마 황제의 제위 계승

카이사르와 아우구스투스가 세운 로마 제국은 약 400년간 계속되다가 395년 동서로 분열된다. 로마 제국의 분열 이후, 황제의 자리는 동서 둘로 나뉘고 서로마 황제와 동로마 황제가 양립하게 된다.

하지만 서로마 제국은 게르만족의 침입으로 476년에 일찌감치 멸망한다. 이후 각지에서 게르만족이 일어나며 300년이 넘는 전란의 시대가 계속된다.

그러다 게르만족의 일파인 프랑크족이 힘을 길러 분열된 서쪽을 통일한다. 800년에 프랑크족의 족장이었던 카를(대제)이라는 인물이 멸망한 서로마를 부활시키겠다며 서로마의 황제 자리에 오른다. 이

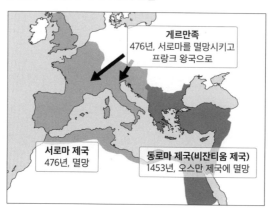

| 그림 3-1 | 로마 제국의 동서 분열

로써 476년부터 800년까지 약 324년간 공백이었던 서로마 제국의 황제 자리가 부활한다.

이후 서로마 제국의 황제 자리는 카를에게서 오토 1세로 계승된다. 오토 1세는 카를의 피를 이어받은 자손이자 독일의 왕으로 962년 신성로마 제국을 수립한다. 그림 3-2를 보면 알겠지만 서유럽 제국은 서로마 제국(395년) → 카를 제국(800년) → 신성로마 제국(962년)으로 이어지는데, 신성로마 제국은 세 번째 서로마 제국에 해당된다.

신성로마 제국이라고 하면 대단하게 들리겠지만 실상은 독일 한 나라를 지칭하는 데 불과하다. 카를 제국(800년)이 구 서로마 제국령의 대부분을 회복한 것과 대조적으로 신성로마 제국에서는 제위를 물려받은 것만으로 '제국'이라 칭했다.

| 그림 3-2 | 유럽의 황실 계보

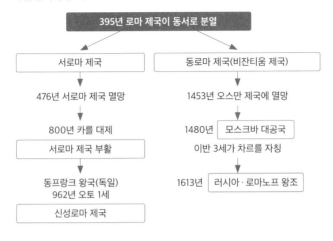

신성로마 제국의 제위는 단절되지 않고 계승되다가 15세기 오스트리아의 귀족 합스부르크가에 세습되었다. 이로써 합스부르크가가 최종적인 황제 가문이 되었다.

러시아인이 로마 제국의 제위를 계승하다

한편 동로마 제국은 476년 서로마 제국이 멸망한 후에도 1000년에 걸쳐 지속되었고 황제의 자리도 이어졌다. 수도가 비잔티움(현재의 이스탄불)에 있어 비잔티움 제국으로 불리던 동로마 제국은 1453년 오스만 제국의 공격으로 멸망하기 전까지 그 명맥을 유지했다.

황제 자리는 한동안 공석이었다가 1480년 러시아 귀족인 모스크바 대공 이반 3세가 동로마 황위의 후계자를 자처하며 스스로 차르라 천명한다. 그리고 그의 아들인 이반 4세 시대에 국내외에서 황위 계승을 인정받으며 이후 러시아인이 황위를 물려받는다.

17세기 로마노프 왕조가 발족되고 이 왕조가 대대로 제위를 계승하는 황제 가문이 된다. 이후로 로마노프 왕조는 20세기 러시아 혁명이 발발하기까지 계속된다.

이렇게 유럽의 황제 가문은 그 조상을 거슬러 올라가면 로마 제국의 황제에 도달한다. 단, 혈통과 혈맥을 이어받은 것은 아니다. 이것이 혈통을 이어받은 나라의 황실과 다른 점이라 할 수 있겠다.

그들은 로마 제국 시대부터 우수한 인재를 양자로 맞이하여 황위를 이어갔으며, 실력자가 무력과 쿠데타로 황제가 되는 경우도 종종 있었다.

800년에 황제로 취임한 카를 대제는 게르만족으로 라틴인이던 로마인과는 피가 섞이지 않았다. 카를 대제 이후에도 몇 번이나 대가 끊길 위기를 겪으며 먼 방계 자손이 제위를 이어받은 적도 있기 때문에, 현실적으로 이들이 혈연관계에 있는지의 여부는 확인할 길이 없다.

합스부르크가가 제위를 세습하기 전에는 선거제로 황제를 선출하기도 했다. 따라서 앞의 그림 3-2와 같은 유럽의 황제 계보는 개념적이고 정치적인 것이며, 혈통을 나타내는 것은 아니다.

유럽에 황실이 세 곳 있었던 까닭

19세기 서쪽에는 신성로마 제국의 황제 자리를 대대로 세습하던 합스부르크가에 대항하는 새로운 세력 호엔촐레른가가 등장한다. 독일 북부 프로이센에서 태어나 독일 전역을 지배하던 호엔촐레른가는 신성로마 제국의 혈통을 이어받은 분파였다. 1871년 호엔촐레른가는 쇠약해진 합스부르크가를 대신해 자신들이 황제의 자리를 물려받았다고 주장하며 독일 제국을 수립한다. 이때 신성로마 제국의 황위계승자로서 구 세력인 합스부르크가와 신 세력인 호엔촐레른가가 양립하게 된다.

독일 역사를 따라가면 962년에 수립된 신성로마 제국이 제1제국, 1871년에 성립된 호엔촐레른가의 독일 제국이 제2제국, 히틀러의 나치 독일이 제3제국이 된다.

유럽인은 자신들의 역사가 로마 제국에서 시작되었다고 본다. 서로마 제국의 계승자는 신성로마 제국의 역대 황제이고 오스트리아의 합스부르크가와 독일의 호엔촐레른가도 그 줄기 안에 있다. 동로마 제국(비잔티움 제국)의 계승자는 러시아의 로마노프가다.

유럽의 황실은 합스부르크가와 호엔촐레른가 그리고 로마노프가

▙ 유럽의 세 황실

황실(카이사르의 후계자)

● **서로마 제국 계열(Kaiser)**
합스부르크가(근거지: 오스트리아)
호엔촐레른가(근거지: 독일)

● **동로마 제국 계열(Czar)**
로마노프가(근거지: 러시아)

이렇게 세 가문이며, 그들이 이른바 '카이사르의 후계자'인 셈이다.

제1차 세계대전(1914~1918년)에서 오스트리아 제국과 독일 제국이 패하면서 제국이 해체되자 합스부르크가와 호엔촐레른가는 제위를 잃게 된다.

하지만 양가 모두 가계 자체는 계속되어 오늘날에도 수장이 존재한다. 합스부르크가의 수장은 유럽의회 의원인 카를 폰 합스부르크 로트링겐이고, 호엔촐레른가의 수장은 재단이사장으로 있는 게오르크 프리드리히 폰 프로이센이다. 그들은 명예귀족이다.

로마노프가의 황제는 1917년 러시아 혁명으로 퇴위했으며, 이듬해 황제 일가 전원이 혁명군에 의해 처형당했다. 현재 수장은 로마노프가의 피를 이어받은 마리야 블라디미로브나다. 그녀 역시 명예귀족이다.

세 황제 가문은 이렇게 지위를 잃었다. 따라서 엄격하게 따져 오늘날 유럽에는 정통 황실이 존재하지 않는다고 볼 수 있다.

황제가 없는 대영 제국

프랑스의 태양왕 루이 14세나 영국의 엘리자베스 여왕이 아무리 세력이 막강하다 해도 엄밀히 말해 그들은 로마 제국의 계보 안에 속하지 않기 때문에 황제(카이사르)가 될 수 없다. 또 황제의 자리에 오른 나폴레옹도 그 자리를 계보나 혈통이 아닌 무력을 사용해 강제로 얻어낸 것에 불과하다.

그렇다면 대영 제국은 어떨까? 분명 제국이긴 하지만 '영국의 황제'는 존재하지 않는다. 황제가 없는데 어째서 제국이라 부르는 것일까? 제국이란 복수의 지역과 민족을 포함한 광대한 지역을 지배하는 국가, 혹은 국가의 형태를 뜻하는 말이다. 따라서 영국처럼 국가의 군주가 꼭 황제일 필요는 없다.

고대에 동서로 광대한 영역을 형성했던 알렉산드로스 제국이 있었다. 이 또한 제국이라 부르지만, 그 군주인 알렉산드로스는 황제가 아니라 대왕이었다.

복수의 지역과 민족을 포함하는 광대한 지역을 지배하는 국가였는데도 제국이라 부르지 않은 나라도 있다. 가령 포르투갈과 스페인, 네덜란드는 대항해 시대 이후, 해외에 광대한 식민지를 보유하고 있었으나 제국으로 불리지 않았다. 스페인이 드물게 '스페인 제국'으로 불린 적은 있으나 이 또한 일반적이지는 않았다.

제국으로 불리느냐 그렇지 않느냐는 자칭까지 포함해 그 표현이 정착되느냐 아니냐에 달려 있다. 전적으로 관습적인 것에 불과하다는 말이다. 하지만 황제란 호칭은 '카이사르의 후계자' 계보에 있는 자 외에는 쓸 수 없다(나폴레옹의 경우 예외).

영국이 자신들의 나라를 '대영 제국'으로 부를 수는 있어도 자신들의 국왕을 '대영 황제'라 부를 수 없었던 이유다.

왕실은
탄생 배경부터 다르다

황제가 되어도 왕이 될 수는 없다

나폴레옹이 왕이 아니라 황제가 된 이유는 뭘까? 그는 황제는 될 수 있을지언정 왕이 될 수는 없었기 때문이다. 황제는 왕보다 격이 높은 존재다. 격이 높은 황제가 될 수는 있어도 격이 낮은 왕이 될 수 없었던 이유는 어디에 있을까?

앞에서도 설명했듯이 황제에게는 혈통이 필요없다. 혈통에 관계없이 실력자가 황제가 된 전례가 수없이 많다. 가령 카를 대제는 로마 황제와 혈연관계가 없었음에도 실력을 통해 황제의 자리에 오를 수 있었다.

하지만 왕은 다르다. '왕King'은 고대 게르만어인 kuni(혈족·혈통)의 의미를 내포하고 있다. 혈통의 정통성을 전제로 하기 때문에 왕이 되기 위해서는 반드시 혈통이 필요하다.

이것이 나폴레옹처럼 혈통이 고결한 집안 출신이 아닌 자가 왕이 될 수 없었던 이유다. 단, 신성로마 제국의 황제 자리를 합스부르크가가 세습하기 시작한 15세기부터는 황제의 자리에도 혈통이 중시되면서 왕위계승성과 균형을 맞추는 것이 관례가 되었다. 이런 까닭에 19세기 초 나폴레옹이 황제의 자리에 오르자, 유럽의 보수파는 이를 인정하지 못하고 그를 조소의 대상으로 삼았다.

▍오늘날 왕실이 주변부로 남게 된 이유

'왕'이란 말이 혈족·혈통에서 유래했듯이 유럽의 왕은 원래 부족장이었다. 부족장이 하나의 부족을 통합하고 하나의 민족을 통합하고 일정한 영토를 지배함으로써 일국의 군주가 된 것이다.

로마 제국 말기인 4세기 이후 이러한 왕들이 각각 독립하여 왕국을 형성했으며, 4~11세기까지 약 700년간 유럽 각지에서 왕국의 원형이 완성되자 대부분의 지역과 나라에서 왕실이 형성되기 시작했다.

이렇게 왕국은 지역의 한 부족에서 발생하여 동족관계에 있는 민족을 규합하면서 자연발생적으로 일정한 규모 이상 발전하게 되었다. 그리고 그 발전의 주체는 왕이었다.

황제가 일률적으로 로마 제국을 기점으로 삼았다면 왕은 지

	지역·국가	형성 근거와 형태	왕권의 강약
주변부 왕국	영국, 이베리아반도 북유럽, 동유럽	토착성·혈연성 → 자연발생적	강
중심부 왕국	독일, 프랑스, 이탈리아	서로마 제국 분열 → 황권에서 파생	약

역·국가에 따라 기점을 달리 했다. 그런 의미에서 왕은 영토·영역
으로서의 토착성과 부족·민족으로서의 혈연성이 아주 강하다.

이런 토착성과 혈연성을 기반으로 한 왕국은 로마 제국의 지배
영역, 즉 유럽의 중심부에서 벗어난 주변부에서 발생했다. 그 주변부
란 영국·이베리아반도(스페인·포르투갈), 북유럽, 동유럽 지역이다.
영국의 노르만 왕조를 비롯한 주변부 왕국은 왕권이 강했을 뿐만 아
니라, 남다른 토착성과 혈연성을 바탕으로 지역과 밀접하게 연결되
어 있었다.

이러한 결속력이 오늘날까지 이 지역에 왕실이 살아남은 큰 요인
이라고 할 수 있다. 주변부 왕국은 그 자발성과 함께 지역의 요청에
의해 발전했기 때문에 사람들에게 자연스럽게 수용되었던 것이다.

중심부 왕국의 왕권 약화

자연발생적이 아닌 형태, 말하자면 위로부터 형성된 왕국이 유럽

의 중심부에 위치한 독일, 프랑스, 이탈리아 삼국이었다. 이 세 나라는 유럽 안에서도 가장 빠른 시기에 왕국이 형성되었다.

800년에 카를 대제가 서로마 제국을 부활시켰으나 그가 세상을 떠나자 일족 간에 분쟁이 일어나면서 제국이 분열된다. 결국 870년 서프랑크 왕국(프랑스), 동프랑크 왕국(독일), 이탈리아라는 삼국으로 분열되며 오늘날 유럽 중앙의 원형이 된다.

이 세 왕국은 카를 대제가 세운 서로마 제국을 기원으로 하여 파생된 왕국이다. 따라서 지역의 토착성이 직접적인 기원은 아니다.

원래 게르만족의 왕으로 프랑스와 독일을 지배하던 카를에게는 지역의 토착성과 민족의 혈연성이 있었다. 하지만 지배 영역이 광대해지면서 제국으로 격상되자 토착성과 혈연성이 끊어지고 지배권이 가상화되면서 현실성을 잃게 되었다. 카를이 황제에 오르면서 권위

| 그림 4-1 | 서로마 제국의 삼국 분열

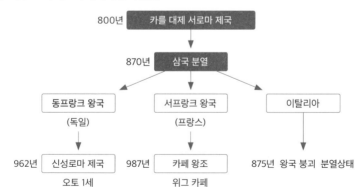

는 높아졌으나 잃은 것도 적지 않았던 것이다.

카를의 제국이 쇠퇴한 최대 원인은 지배권의 현실성을 상실한 데에 있다. 카를의 사후, 제국이 분열되자 잃어버린 토착성과 혈연성을 되찾을 요량으로 지역의 실정에 맞춰 통치하려고 했다.

하지만 한 번 잃어버린 것을 되찾기란 쉽지 않은 법이다. 분열된 독일, 프랑스, 이탈리아 삼국의 왕실은 강력한 지배권을 확립할 수 없었다. 카를 대제의 서로마 제국에서 파생된 이들 삼국은 왕권의 권위는 높았으나 영국과 북유럽 등의 주변부 왕국과 비교하면 왕권 자체는 약했다.

여태까지 본 바와 같이 삼국의 국왕은 전부 카를 대제의 자손이다. 카를 대제는 카롤링거 가문 출신으로 삼국의 왕실은 카롤링거 왕조로 시작한다.

참고로 '카롤링거Carolingian'는 성이 아니라 '카를의'라는 뜻으로, 카롤링거가를 일으킨 카를 마르텔이란 인물의 이름인 '카를'에서 유래한다. 게르만족은 중세 초기까지 성이 없었다. 게르만족의 왕 중 테오도리크와 알라리크라는 왕이 유명한데 그에게도 이름은 있지만 성은 없었다. 카를 마르텔에서 마르텔은 별명이지 성이 아니며, '마르텔Martell'은 '철퇴'라는 뜻으로 '철퇴와 같은 카를'로 풀이된다.

한편 라틴인에게는 성이 있었다. 가령 카이사르의 경우 '가이우스Gaius(이름) 율리우스Julius(씨족 명) 카이사르Caesar(가족의 성)'가 그의 전체 이름이다.

카롤링거가의 혈통(독일, 프랑스, 이탈리아)

분단된 삼국 중 이탈리아는 875년에 일찌감치 붕괴되었으며, 교황령과 연방 등 각 지방 세력으로 분열되어 뿔뿔이 흩어졌다. 게르만족인 카롤링거가는 원래 이탈리아에 기반이 없어서 지배력이 거의 미치지 못했다. 이러한 이유로 이탈리아의 분열 상태는 19세기까지 계속된다.

서프랑크 왕국(프랑스)의 경우 12대 국왕까지 계속되었으나 987년 카롤링거 왕가가 단절되자 인척관계에 있던 파리 백작 위그 카페가 카페 왕조를 세운다.

프랑스라는 국명은 로마 제국 말기, 프랑크족이 라인강 유역에서 서진하여 프랑스에 터를 잡은 데서 유래한다. 이렇듯 프랑스는 프랑크족의 본거지였으나 카를 대제 시대 이후 왕권을 확립하지 못했다.

오토 1세. 스트라스부르 대성당(스트라스부르 옛 시가지의 중심에 위치한 가톨릭 성당으로 노트르담 대성당이라고도 부른다.-옮긴이)의 스테인드글라스, 12세기 무렵. 신성로마 제국의 초대 황제이며 오토 대제라 불린다. 바이에른과 같은 유력 부족을 진압하고 외적의 침입을 막아 세력을 넓혔다.

프랑스의 왕위는 카페 왕조(987년) → 발루아 왕조(1328년) → 부르봉 왕조(1589년)로 이어진다.

동프랑크 왕국(독일)은 삼국 중에서 왕권이 비교적 강한 편이었다. 911년 카롤링거가가 단절되자 여계인 작센가에서 왕위를 이어받는다. 강한 세력을 자랑하던 오토 1세 시대에는 유럽에 침입한 아시아계 마자르인을 무찌르며 왕권을 강화했다. 또 로마 교황과 연대를 강화하여 962년에 교황에게 로마 황제의 관을 받았다. 이때 오토 1세는 서로마 제국의 재부활이라는 책무를 맡는다.

보통 오토 1세의 제국을 신성로마 제국이라고 한다. 하지만 빛나는 이름과는 반대로 이 제국은 카를 대제의 제국처럼 서유럽 전체를 지배하지는 못하고 독일 영토만 지배했다. 신성로마 제국을 표방하면서도 이탈리아·로마를 지배하지 못한 이름뿐인 제국이었다. 오토 1세 사후, 역대 신성로마 제국의 황제들이 로마를 손에 넣기 위해 이탈리아를 수시로 공격했지만 모두 실패로 돌아갔다.

신성로마 제국의 황제 자리는 작센가, 잘리어가, 호엔촐레른가 등 여계 가문으로 계승되다 15세기에 합스부르크가로 넘어간다.

해적이 시조인 왕실(영국, 러시아, 북유럽)

로마 제국은 지중해라는 거대한 '물길水路' 교통 네트워크 위에 세

위졌다고 해도 과언이 아니다. 그런 유럽에 또 하나 큰 '물길'이 있는데, 바로 북유럽의 발트해와 북해다.

옛날부터 물류의 이동은 물길로 이루어졌기 때문에 물길에 따라 경제권이 형성되었다. 온화한 지중해는 항해하기에 수월하지만 차갑고 거친 파도로 유명한 발트해와 북해를 항해하기 위해서는 고도로 발달된 기술과 튼튼한 배가 필수였다. 9세기 무렵, 조선 기술의 비약적인 발전으로 인해 발트해와 북해의 물길 교역이 급속도로 확대되자 연안부에 물류거점이 형성되었다.

발트해와 북해의 교역을 담당한 것이 바로 바이킹이라 불리는 게르만족 일파였다. 그들은 북유럽에 거주하고 있었기 때문에 북방족 혹은 노르만족으로도 불렸다. 노르만족이라고 하면 '바이킹=해적'이라는 이미지가 먼저 떠오르는데, 그들은 약탈자가 아니라 교역으로 연안부를 진흥하던 사람들이었다. 당초 발트해와 북해 연안지역을 빠르게 정복하다 보니 해적이라는 이미지가 뿌리 깊게 남았으리라 생각된다.

물길 교역 네트워크를 통해 엄청난 부를 쌓은 노르만족은 북유럽, 북부 프랑스, 영국, 러시아에 자신들의 나라를 세웠다.

이 중 루스족이 9세기 발트해 연안에서 노브고로드 공국을 건국하고 러시아의 모체가 된다. 참고로 '루스'는 러시아의 어원이다. 이 노브고로드 공국에서 파생된 모스크바 대공국과 로마노프 왕조가 이후 차르의 자리를 계승한다.

같은 시기 스웨덴과 덴마크에서도 노르만족 왕국이 형성된다. 노르만족은 영국과 프랑스에도 진출하여 1066년에 노르만 왕조를 세우는데, 이 노르만 왕조가 영국 왕실의 시조가 된다.

내 첫 번째 목표는 국왕의 존엄

16세기부터 17세기에 걸쳐 유럽 각국에서는 강대한 왕권이 등장한다. 스페인, 영국, 프랑스 왕권이 특히 강대하여 '절대 왕정'이라 불리기도 했다.

이 시대에는 총과 대포 등의 화기가 전쟁에 본격적으로 도입되면서 군대의 규모가 훨씬 커졌다. 전쟁이 조직화되고 군사력을 떠받치는 국가의 역할이 커지면서 적을 물리치기 위해서는 국가의 통합이 필수였다.

하지만 어느 국가나 지방에 할거하는 귀족과 제후가 있었고, 그들은 지방에서 누리는 자신들의 권익을 지키기 위해 국왕이 다스리는 국가의 통합에 저항했다. 국왕과 그 측근들은 국가를 통합하기 위해 지방의 귀족과 싸우지 않으면 안 되었다. 17세기 프랑스에서 그 역할을 맡은 것이 재상 아르망 리슐리외였다.

리슐리외는 가톨릭 교회의 성직자로 추기경인 동시에 프랑스 왕국의 재상으로 국왕 루이 13세를 섬겼다.

리슐리외는 타이유taille라는 토지세를 제정하고 광대한 영토를 보유한 귀족에게 부과하여 왕권 확대를 위한 재원을 마련했으며, 관료기구를 정비해 중앙이 행정을 일원적으로 지배하는 제도를 구축했다. 또한 중앙에서 '앵탕당intendant'이라는 지방 감찰관을 파견하여 지방 행정의 실권을 장악하게 함으로써 귀족과 제후들의 세력을 약화시켰다.

민중에게도 가차 없이 세금을 부과하여 여러 번 농민반란이 일어났는데, 그때마다 민중들을 거침없이 탄압하여 "피도 눈물도 없는 리슐리외. 지독하기 짝이 없는 추기경은 인간을 지배하지 않고 부숴버린다"라며 사람들은 그를 두려워했다. 하지만 리슐리외는 "내 첫 번째 목표는 국왕의 존엄이며, 두 번째 목표는 국가의 성대함이다"라며 자신의 뜻에 반대하는 자는 가차 없이 탄압했다.

국왕 루이 13세도 냉혹하고 무자비한 재상 리슐리외를 좋아하지 않았다. 루이 13세는 리슐리외를 몇 번이나 추방하려 했으나 리슐리외만큼 뛰어난 인재가 없어서 데리고 있을 수밖에 없었다.

| '펜은 칼보다 강하다'의 본래 의미

'펜은 칼보다 강하다'라는 격언은 일반적으로 '사상과 언론의 영향력은 무력보다 강하다'는 의미로 알려져 있다. 하지만 당초 이 격언은 그런 의미로 쓰이지 않았다. 1839년 영국의 소설가이자 정치가인 에드워드 불워 리턴이 희곡 『추기경 리슐리외Cardinal Richelieu』에 발표한 것이 최초로 보인다.

앞에서도 보았듯이 리슐리외는 왕권 확대와 통일의 목표를 내걸고 이에 따르지 않는 자를 '국가의 적'으로 간주해 탄압했다.

리턴은 희곡 안에서 '권력의 근간인 펜은 검보다 강하다'라는 대사를 리슐리외의 입을 빌어 말한다. 이 대사는 국가에 반기를 들고

앙리-폴 모트의 <라 로셸 공방전>. 1881년, 오르비니 베르농 박물관 소장. 신교도들은 왕권에 따르지 않고 프랑스 서부의 항구도시 라 로셸에 절반은 독립한 공화국을 수립했으며, 1627년 리슐리외는 라 로셸에 총공격을 가했다. 영국 해군이 프랑스 왕군을 방해하기 위해 라 로셸을 지원하게 된다. 그림에 그려진 커다란 말뚝은 영국 함선을 막기 위한 것이다. 1년에 걸친 공방전 끝에 라 로셸은 함락되었다.

반란을 꾀하는 자에게 언제든 체포영장과 펜으로 사인한 사형집행 명령을 처리할 수 있다는 문맥으로 읽을 수 있다. 리슐리외의 냉혹함을 표현하기 위해 쓰인 대사인 셈이다.

그 후, 이 말은 처음 사용된 의미와는 다르게 문필가들에게 '언론은 무력보다 강하다'라는 우리가 본래 알고 있는 의미로 정착되었다.

리슐리외의 임종이 다가오자 청죄사제(고해성사 때 하느님을 대신해 신자들이 고백하는 죄를 듣고 그 죄를 용서해주는 신부－옮긴이)가 리슐리외에게 물었다. "자네는 자네의 적을 사랑하는가?" 그러자 리슐리외는 "나에게 국가의 적 외에는 적이 없었소"라고 대답했다.

리슐리외의 흔들림 없는 신념과 실행력으로 프랑스 왕권의 지위가 고착되고 절대 왕정이 확립되었다. 프랑스는 강력한 왕권과 함께 발전을 이루며 루이 14세 시대에 절정기를 맞는다. 루이 14세가 했던 "짐은 국가다"라는 유명한 말로 대표되듯이, 그 후 프랑스 혁명이 일어나는 1789년까지 약 120년에 걸쳐 프랑스에서는 왕이 국가에 군림했다.

루이 14세(재위 1643~1715년)는 '태양왕'으로 불렸다. 당시 프랑스는 인구가 약 2,000만 명에 육박하고 국토가 비옥하여 유럽에서 제일 부유한 나라였다. 인구가 각각 900만 명이었던 영국과 스페인이나 두 나라를 합쳐서 1,500만 명이었던 독일, 오스트리아와 비교하면 프랑스가 얼마나 강대했는지 알 수 있다.

루이 14세는 많은 인구를 활용해 유럽 최대의 육군을 편성했다.

프랑스 육군은 침략 전쟁을 계속하며 판도를 확장해 나갔고 지금의 프랑스와 거의 일치하는 범위까지 영토를 넓혔다.

또한 루이 14세는 베르사유 궁전을 짓는 등 대규모 공공사업을 일으켜 국왕의 위대함을 과시하기도 했다.

05

그림자 군주,
교황

교황의 권위와 군주의 권위

황제는 여러 나라와 민족을 지배하고 왕은 하나의 나라와 민족을 지배한다. 그런 의미에서 본다면 황제는 왕보다 격이 높다고 간주된다. 그렇다면 황제와 교황 중에서는 어느 쪽이 더 높을까?

결론부터 말하자면 황제와 교황의 격과 권위는 비교할 수가 없다. 일부에서는 황제의 격이 더 높다는 견해도 있지만, 그에 대한 정식 근거는 없다. 마찬가지로 각국의 왕과 교황도 비교할 수 없다. 왜냐하면 교황의 권위는 종교적인 것이어서 세속 군주의 권위와는 다르기 때문이다.

하지만 중세 유럽에서는 교황, 황제, 왕이 그 서열을 둘러싸고 치열하게 다툰 끝에, 권위와 권력 모두 황제와 왕보다 교황이 우위이던 시기가 있었다. 황제가 교황 앞에 무릎을 꿇고 복종을 맹세한 '카노사의 굴욕'(신성로마 제국의 하인리히 4세가 자신을 파문한 교황 그레고리오 7세를 만나기 위해 이탈리아 북부의 카노사로 가서 관용을 구한 사건으로, 교회의 성직자 임명권인 서임권을 둘러싸고 분쟁하던 신성로마 제국 황제와 교황의 대립이 정점에 있었던 사건이다. ─옮긴이) 사건도 이 시기에 있었다.

일부에서는 교황을 '법왕'으로 부르는 경우도 있으나 가톨릭 교회에서는 '교황'이 정식 명칭이다. 교황은 각지의 가톨릭 교회를 대표하는 추기경cardinal(카디널)들이 '콘클라베conclave'(라틴어로 '문을 잠갔다'라는 뜻)를 통해 외부와 격리된 상태에서 선거를 치러 선출한다. 따라서 교황의 자리는 세습되지 않는다.

▛▖ 현대의 교황

교황 이름	재위 기간	출신 국가
비오 10세	1903~1914년	오스트리아
베네딕토 15세	1914~1922년	이탈리아
비오 11세	1922~1939년	오스트리아
비오 12세	1939~1958년	이탈리아
요한 23세	1958~1963년	이탈리아
바오로 6세	1963~1978년	이탈리아
요한 바오로 1세	1978년	이탈리아
요한 바오로 2세	1978~2005년	폴란드
베네딕토 16세	2005~2013년	독일
프란치스코	2013년~현재	아르헨티나

교황은 베드로의 후계자

황제나 왕과 같은 세속 세계의 지도자에 대한 권력을 '속권俗權'이라 한다면, 교황과 성직자 같은 종교 세계 지도자에 대한 권력은 '성권聖權'이라고 한다.

중세 유럽에서 교황과 성직자는 성권에만 그치지 않고 속권도 함께 갖고 있었다. 유럽 각 지역에서는 성직자들이 징세권을 쥐고 지방 정치를 도맡아 관리했으며 군대도 통솔했다.

성직자가 어떻게 그런 세속적인 힘을 가질 수 있었을까? 한마디로 말하면 성직자에게는 신용이 있었기 때문이다. 신이 절대적인 존재였던 중세에는 신의 위광을 등에 업은 성직자의 판단이 존중되었다. 가령, 세금을 무겁게 부과하느냐 가볍게 부과하느냐도 신의 뜻에 맞느냐 맞지 않느냐를 기준으로 성직자가 결정했다.

모든 일에 성직자의 판단이 요구되었고 성직자가 인정한 것만이 정당성을 가졌으며, 성직자를 중심으로 세상이 움직였다.

교황은 로마 가톨릭 교회의 수장이며, 예수의 12사도 중 한 명인 베드로의 후계자다. 예수 사후, 베드로가 로마로 옮겨와 이 땅에 교회를 세웠다. 당초 로마 제국의 박해를 받으면서도 로마 교회는 신도의 보호를 받으며 발전했다.

4세기 로마 제국이 기독교를 공인한 이후, 로마 교회의 지위가 확립되고 그 수장인 교황의 지위도 인지되었다. 교황은 사도 베드로에서 유래한 특별한 기원을 인정받아 기독교 세계의 지도자가 된다.

5세기 중반 교황 레오 1세(45대 교황으로 440~461년까지 재위했다. - 옮긴이)는 "내 목소리가 곧 베드로의 목소리니라"라며 예수와 사도의 대리인을 자인했다.

이렇게 해서 교황의 자리는 대대로 이어지며 오늘날까지 계속되고 있다.

교황의 유착관계와 불법적인 제위 수여

395년 로마 제국이 동서로 분열되고, 476년에 서로마 제국이 일찌감치 붕괴되면서 서로마 제국의 황제 자리는 폐위된다. 하지만 기독교 지도자인 교황은 살아남아 구 서로마 제국 내의 최고지도자가 된다. 단, 최고지도자라고 해도 실질적인 권한은 없었기 때문에 교황은 자신을 따르는 세력을 흡수하여 영향력을 확보하지 않으면 안 되었다.

그 사이 구 서로마 제국에서는 게르만족이 세력을 확장했다. 이에 교황은 게르만족에게 가톨릭을 포교하면서 그들과 결탁한다. 6세기 말에 활약한 교황 그레고리우스 1세(대교황의 칭호를 받은 두 번째 교황. 64대 교황으로 재위 기간은 590~604년이다. - 옮긴이)는 게르만족을 가톨릭으로 개종시키는 데 성공함으로써 로마 교회의 지지기반을 얻는다. 그 결과 그레고리우스 1세는 서유럽의 기독교 세계를 아우르는 최고지도자로서 교황의 지위를 사실상 확립했다.

게르만족의 유력자도 교황 옆에서 그 권위를 이용함으로써 게르만족을 통솔하는 정당성을 획득할 수 있었다.

게르만족에게는 강대한 조직력과 군대가 있었으나 권위는 없었다. 반면 교황에게는 군대가 없었다. 양측은 서로 없는 것을 보완하면서 긴밀한 유착관계를 맺었다.

교황과 게르만족의 유착관계가 급속도로 깊어지자 800년 교황 레오 3세는 게르만족의 왕 카를에게 황제의 자리를 하사했다. 하지만 레오 3세의 이러한 행위는 두 가지 측면에서 정당하지 않은 행위였다.

첫 번째로 게르만족에게는 로마 황제의 자리를 이을 만한 어떤 정통성이 없었다. 로마 시대 이래로, 황제는 왕처럼 반드시 혈통을 필요로 하지 않으며, 실력 있는 자가 그 자격을 가진다는 생각이 있어 왔다. 하지만 아무리 실력이 있다 해도 과거 서로마 제국을 멸망시킨 게르만족에게는 로마 제국의 주인이 될 수 있는 정치적인 정통성이 없었을 뿐더러, 사회 전반적으로도 그들을 허용할 수 없다는 인식이 강했다.

두 번째로 교황이 황제를 임명할 권한은 없었다. 교황은 종교지도자일 뿐 애초 로마 제국의 정치 권한이나 정치 권력을 갖고 있지는 않았다. 레오 3세의 임명 행위가 일체의 법적 근거가 없는 교황의 월

권행위였음은 말할 필요도 없다.

　앞에서 설명한 두 가지 이유로 레오 3세의 행위는 필연적으로 반발을 초래할 수밖에 없었다. 그래서 황위 수여와 관련된 준비는 극비로 진행되었고 성 베드로 대성당에서 열린 대관식은 기습작전처럼 단숨에 치러졌다. 얼마나 전격적이었는지 카를 본인이 대관식에 대해 몰랐다는 설이 있을 정도다. 레오 3세가 이렇게 주변 사람들조차 모를 정도로 비밀에 부친 채 대관식을 치른 이유는 카를 황제의 취임을 기정사실화하기 위해서였다.

프리드리히 카울바흐의 <샤를마뉴(카를 대제)의 대관식>. 1861년, 바이에른주 의회 막시밀리아네움 의사당 소장. 카를(중앙에 무릎 꿇고 있는 인물)에게 황관을 수여하는 인물이 레오 3세.

떳떳지 못한 과거를 가진 교황 레오 3세

레오 3세가 이렇게 무리한 행동을 한 이유는 무엇일까? 평범한 집안에서 태어난 레오 3세는 어린 시절부터 교황청에서 일하며 수완을 발휘하였으며, 성직자로서 이례적으로 출세하여 교황의 자리에까지 오른 인물이다.

레오 3세에 대한 의문과 음모가 넘치는 가운데 교황 선출이 하루 만에 이루어지면서 정적들의 미움을 산 그는 늘 생명의 위협에 시달렸다. 암살자에게 쫓겨 로마를 탈출해 알프스 너머에 있는 프랑크 왕국의 카를에게로 도망친 적도 있었다.

신변에 위험이 닥치자 레오 3세는 자신을 지켜줄 사람을 찾았다. 지켜주기만 하면 누구라도 좋았다. 그들에게 제위를 수여하든 무얼하든 목숨만 보전할 수 있다면 수단과 방법을 가리지 않았다. 그만큼 레오 3세는 궁지에 몰려 있었다.

대부분의 역사책에서는 당시 강대한 힘을 자랑하던 동쪽의 비잔티움 제국(동로마 제국)에 대항하기 위해 레오 3세에게는 게르만족인 카를의 힘이 필요했다고 설명하고 있다. 물론 그러한 이유도 있었으나 또 다른 이유로는 레오 3세가 정적들과 세력을 다투는 가운데 자신의 목숨을 구하기 위해 실력자 카를에게 매달렸다는 점이고, 카를도 궁지에 몰린 교황을 이용했던 것이다.

일반적으로 카를의 대관이 '서유럽 세계의 탄생'을 의미한다고 설명하지만, 그것은 나중에 갖다 붙인 논리에 불과하다.

실상은 궁지에 몰린 교황이 카를을 제위에 올림으로써 목숨을 구했고, 이에 따라 서로마 제국의 황제가 부활한 것이다. 이 자리는 962년 오토 1세가 황관을 이어 받은 후부터 서로마 제국 중 하나인 신성로마 제국의 황제에게 대물림되었다(부활한 서로마 제국은 오토 1세가 죽은 후, 동프랑크 왕국, 서프랑크 왕국, 중프랑크 왕국으로 나뉘는데, 동프랑크 왕국이 황제의 관을 물려받으며 신성로마 제국이 된다. — 옮긴이). 유럽(특히 서유럽)의 황제 자리는 이렇듯 떳떳하지 못한 과거를 가진 사람의 즉흥적인 생각과 행동으로 촉발된, 어떤 정통성도 근거도 없는 행위가 발단이 되었다.

이러한 레오 3세의 행위는 19세기 나폴레옹에 의해 악용된다. 나폴레옹은 당시의 교황 비오 7세(251대 교황으로 재위 기간은 1800~1823년이다. — 옮긴이)에게 레오 3세가 카를에게 제위를 수여했듯이 자신에게도 제위를 수여하라고 압박했다. 코르시카의 시골뜨기가 1000년 전 교황이 했던 짓을 이용한 것이다.

중세에는 국가의식이 없었다

11세기, 황제가 교황보다 우위인 상태는 지속되었다.

황제는 자신의 세력을 확대하기 위해 지방의 영토를 소유한 귀족들, 즉 제후 세력에게 압력을 가했다.

황제와 대립하던 제후는 교황에게 의지했다. 교황은 제후를 받아들이면서 세속 권력을 강화했다. 이렇게 해서 교황의 힘은 황제의 힘을 능가하게 된다. 황제 하인리히 4세는 1077년, 이탈리아 북부의 카노사에서 교황 그레고리오 7세(157대 교황으로 재위 기간은 1073~1085년이다. ─옮긴이)에게 복종하기로 맹세한다. 이것이 카노사의 굴욕이다.

중세 유럽에서는 교황을 중심으로 기독교 연대와 거기에 바탕을 둔 종교 조직에 대한 귀속의식이 강했던 만큼 국가의 존재와 그 의식은 희박했다. 종교는 국가와 민족을 뛰어넘어 연대의식의 중추가 되었다. 중세에 프랑스 국왕, 영국 국왕, 독일 황제 등 국가의 군주는 이름뿐인 존재에 불과했다.

교황은 강대한 권력을 갖고 있으면서도 지방 정치를 제후에게 맡기고 지방 분권적이면서 느슨한 교황 연합체를 형성했다. 이에 따라 중앙 집권적인 국가가 탄생하지 못하고 지방 영주가 각자의 방식으로 통치했다.

에두아르트 슈보이저 <카노사 앞에 선 하인리히 4세>. 1869년, 뮌헨 막시밀리아네움 소장. 황제가 한겨울의 차가운 하늘 아래서 맨발로 교황에게 용서를 구하고 있다.

한편 교황은 십자군을 편성하여 군사권을 장악했다. 십자군은 동쪽 유럽에 침입한 이슬람의 셀주크 왕조를 철퇴시키고 예수 그리스도의 탄생지인 예루살렘을 방어하는 임무를 맡는다. 그리고 동방으로 전진하여 비잔티움 제국에 압력을 가하며 동유럽을 지배하기에 이른다.

십자군의 지도자인 교황의 권위가 높아지면서 13세기 교황 인노첸시오 3세(176대 교황으로 재위 기간 1198~1216년이다. ─옮긴이)의 등장과 함께 교황의 권력도 절정기를 맞는다. 인노첸시오 3세는 '교황은 태양, 황제는 달'이라며 강한 교황권을 비유해 말하곤 했다.

하지만 13세기 이후 십자군 원정의 실패가 자명해지면서 지도자인 교황의 권위도 땅에 떨어진다. 교황은 몰락하고 그 대신 황제와 왕의 세속 세력이 대두하는 새로운 시대로 전환되기에 이른다.

제 **3** 장

영국, 프랑스, 네덜란드의 왕실

영국 왕실의 혈통을
거슬러 올라가다

왕실의 인종과 종교

고 다이애나 왕세자비의 차남 해리 왕자와 아프리카계 미국인 어머니를 둔 여배우 메건 마클이 2018년 5월 결혼식을 올렸다. 메건의 이혼 경력과 인종 등을 비판적으로 보도한 곳도 있었으나 두 사람의 결혼은 영국 왕실에 새로운 바람을 불러오는 계기가 되었다.

두 사람은 결혼식에 정치가를 초대하지 않는 대신 전장에서 부상당해 장애를 안고 살아가는 병사들을 초대했고, 선물을 받지 않는 대신 자선단체에 기부해달라고 요청하는 등 독자적인 행보를 보였다.

아프리카계 흑인을 어머니로 둔 메건이 영국 왕실의 며느리가 된다는 것은 인종의 벽을 뛰어넘는 획기적인 사건이라고 할 수 있을 것이다. 한편 종교의 벽은 여전히 남아 있다. 영국은 16세기 이래로 프로테스탄트(개신교)파의 국교회를 신봉했다. 이 영국 국교회의 수장은 엘리자베스 여왕이다.

이에 반해 메건은 가톨릭교(구교) 신자였다고 한다. 메건은 결혼식 전에 세인트 제임스 궁전에 있는 왕실 예배당에서 세례를 받고 국교회로 개종했다. 영국 왕실의 종교에 맞춘 모양새다.

원래 1701년 제정된 왕위계승법에서는 국교회 신도만이 왕위계승권을 가지며 그 배우자도 국교회 신도여야 한다고 규정하고 있다. 이것은 종교 전쟁이 빈번하게 발생하던 유럽에서 이교도와의 정략결혼으로 왕실을 내주는 상황을 방지하기 위한 조치였다.

하지만 2013년 새로운 왕위계승법이 제정(2015년 시행)되자 왕실은 가톨릭 교도와의 결혼을 인정하게 되었다. 그래서 메건이 개종하지 않았더라도 법률상으로는 결혼이 가능했다. 단, 2013년 신법에 따르면 왕실과 결혼할 수 있는 이교도는 가톨릭 신자뿐이고 그 외의 종교는 인정되지 않는다.

영국 왕실만이 아니라 유럽의 왕실은 원칙적으로 타 종교는 물론 타 종파와의 결혼도 인정하지 않는다. 오늘날 종교 전쟁의 위기는 크지 않지만 종교의 벽을 뛰어넘기란 여전히 쉽지 않다.

개전 연설로 국민을 고무시킨
엘리자베스 여왕의 아버지

오늘날 영국 왕실은 윈저 왕조다. 원래 영국 왕실은 18세기 이래 하노버 왕조였다. 제1차 세계대전 중이던 1917년 국왕인 조지 5세가 적국 독일 연방과 이름이 같은 하노버라는 명칭을 버리고, 왕국이던 윈저성의 이름을 따서 윈저 왕조라고 개칭했다. 윈저 왕조는 조지 5세 때부터 시작되어 현재의 엘리자베스 2세로 4대째 이어져오고 있다.

조지 5세가 세상을 떠나고 장자인 에드워드 8세가 즉위했다. 하지만 그는 이혼 경험이 있는 미국인 여성 월리스 심슨과의 결혼을 희망하여 세상 사람들의 반감을 산다. 당시 스탠리 볼드윈 수상은 에드워드 8세에게 "군주제가 위기에 처했다"고 경고하며 퇴위를 강요했다. 이에 에드워드 8세는 왕위를 버리고 월리스와의 결혼을 선택했다. 사람들은 에드워드 8세의 행동을 '왕관을 건 사랑'이라고 했다.

▪▶ 윈저 왕조의 역대 국왕

국왕	재위 기간
조지 5세	1910~1936년(1910년은 조지 5세가 즉위한 해이고, 1917년은 조지 5세가 윈저로 가문의 이름을 바꾼 윈저 왕조의 시초가 되는 해다.-옮긴이)
에드워드 8세	1936년
조지 6세	1936~1952년
엘리자베스 2세	1952년~현재

그 후 에드워드 8세의 남동생이자 엘리자베스 2세의 아버지인 조지 6세가 즉위했다. 조지 6세는 내성적인 성격으로 태어날 때부터 말을 더듬는 버릇이 있어서, 사람들 앞에서 똑바로 말을 하지 못했다. 아카데미상을 수상한 영화 〈킹스스피치〉(2010년)는 조지 6세와 언어치료사의 우정을 사실적으로 그려낸 작품이다.

결과적으로 조지 6세는 말더듬을 극복하고 제2차 세계대전 〈개전 연설〉을 당당하게 해냄으로써 국민을 고무시켰다.

왜 '찰스 황태자'인가

1952년, 조지 6세가 세상을 떠나자 엘리자베스 2세가 즉위했다. 2019년 4월 93세를 맞이한 엘리자베스 2세는 재위 중인 군주 가운데 가장 나이가 많다. 2019년 재위 기간이 67년째를 넘기면서 영국 역사상 재위 기간이 가장 긴 국왕이 되었다. 현재도 연간 200건이 넘는 공무를 정력적으로 해내고 있다.

엘리자베스 2세의 남편 필립 마운트배튼은 그리스 왕족 출신(그리스 이름은 필리포스)이다. 그리스 왕실은 덴마크 왕실의 혈통도 잇고 있어서 필립 공은 스스로 '그리스 왕자이자 덴마크 왕자'라고 칭했다. 그런데 그리스에서 쿠데타로 인해 군주제가 무너지자 그리스를 떠나 결국 영국에 정착했다.

이후 영국 해군에 입대해 제2차 세계대전에 참전한 필립 공은 유능하고 장래가 촉망받는 군인이었다.

전후 영국에 귀화하여 그리스 정교회에서 영국 국교회로 개종하고, 1947년 당시 공주였던 엘리자베스 2세와 결혼한다. 결혼 후에는 조지 6세로부터 에든버러 공작의 작위를 받았다.

엘리자베스 2세와 필립 공 사이에는 찰스 윈저를 비롯해 네 명의 자녀를 두었다.

그런데 대개의 경우 찰스 윈저를 '찰스 황태자'라고 부른다. 본래 엘리자베스 2세는 황제가 아니다. 따라서 엄밀히 말해 왕위계승자도

| 그림 6-1 | 영국 왕위계승 서열

'황태자'가 아니라 '왕태자'로 불러야 하지만 '왕태자'라는 용어와 칭호가 일반적이지 않아 '황태자'라 부르는 것이다. 따라서 영국을 비롯한 그 외 나라들에서도 전부 '황태자'라 부르는 것이 일반적이다.

영국 왕실은 독일인 가계

영국 왕실은 스튜어트 왕조(17세기) → 하노버 왕조(18세기) → 윈저 왕조(20세기)로 이어진다.

1714년, 스튜어트 왕조가 단절되자 독일 북부의 귀족 가계였던 하노버가에서 국왕 조지 1세를 맞이하며 하노버 왕조가 성립하게 된다. 즉 오늘날의 영국 왕실은 독일인 가계에서 출발하는 것이다. 그렇다면 영국은 왜 독일인을 왕으로 맞이한 것일까?

스튜어트 왕조에는 초대 국왕 제임스 1세를 시작으로 여섯 명의 국왕이 있었다. 여섯 번째 앤 여왕에서 왕조가 단절되었을 때, 제임스 1세의 손녀딸이 독일에 있었다. 이 손녀딸의 이름이 조피다. 그녀는 제임스 1세의 장녀 엘리자베스 스튜어트가 독일의 귀족 팔츠 선제후(프리드리히 5세 – 옮긴이)와 결혼해 낳은

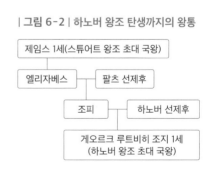

| 그림 6-2 | 하노버 왕조 탄생까지의 왕통

제임스 1세(스튜어트 왕조 초대 국왕)
엘리자베스 ─ 팔츠 선제후
조피 ─ 하노버 선제후
게오르크 루트비히 조지 1세
(하노버 왕조 초대 국왕)

아이다. 조피는 같은 독일 귀족 하노버 선제후와 결혼했다.

스튜어트 왕조의 마지막 혈통이었던 앤 여왕에게 자녀가 없었으므로 조피가 영국 왕위계승자로 인정받았다. 하지만 조피가 앤 여왕보다 2개월 먼저 죽으면서 여왕의 사후에는 조피의 장남인 게오르크 루트비히가 영국 국왕 조지 1세로 옹립되었다. 독일어 게오르크Georg를 영어로는 조지George라 부른다.

1701년에 제정된 왕위계승법에 '계승자는 스튜어트가의 혈통을 물려받은 자가 아니면 안 된다'는 조항에 따라 조피의 자손만이 영국의 왕위계승자로 인정받게 되었다. 그래서 오늘에 이르기까지 조피가 영국 왕실의 직접적인 시조로 꼽힌다.

▌여왕의 이미지를 이용한 대영 제국

조피의 자식인 조지 1세는 영국 왕위와 하노버 선제후의 지위를 겸했다. 조지 1세는 영어를 하지 못해서 영국에 정을 붙이지 못하고 대개는 독일 하노버에 머물렀다. 국왕이 영국 국정에 거의 관여하지 않아 '왕은 군림하되 통치하지 않는다'라는 말이 생겨나게 되었으며, 영국의 입헌군주제가 정착되고 책임내각제가 확립되는 계기가 되기도 했다.

그 후 하노버 왕조는 조지 2세와 조지 3세, 조지 4세로 이어지면서 19세기 후반 빅토리아 여왕 시대의 번영기를 맞이한다.

빅토리아 여왕 시대, 영국은 세계에 진출하여 영토를 확장하고 지구 전체 육지 면적의 약 4분의 1, 세계 인구의 약 4분의 1을 지배하기에 이른다. 명실 공히 영국이 제국이 된 셈이다. 빅토리아 여왕은 식민지에 사는 현지인을 문명화하는 것을 대영 제국의 사명으로 여기고, 세계 각지의 이민족이 대영 제국의 신민이 됨으로써 구원받을 수 있다는 강한 신조를 갖고 있었다.

조피 폰 데어 팔츠. 피터 리리 그림, 1658년 무렵, 개인 소장. 현재 영국 왕실의 시조. 재색을 겸비한 여성으로 알려져 있으며 정치 감각도 탁월해 남편인 하노버 선제후를 보좌했다.

세계 각지에서 대영 제국의 지배에 대한 저항은 날로 심해졌으나 빅토리아가 '여왕'이라는 점이 그 저항심을 누그러트리는 데 효과가 있었다. 빅토리아 여왕은 '제국의 어머니'로서 교육 등의 자선활동을 지원하여 인도의 간디도 빅토리아 여왕을 공경하고 사랑했다.

그러나 실질적으로 빅토리아 여왕은 영국의 식민지 저항과 반대에 대해 가차 없는 조치를 취하라고 총리 벤저민 디즈레일리(영국의 총리로서 보수당을 이끌면서 제국주의 정책을 폈다. - 옮긴이)에게 명령했다. 이로 인해 빅토리아 여왕 시대, 영국에서는 전쟁이 끊이지 않았다.

1901년, 빅토리아 여왕이 세상을 떠나자 장남 에드워드 7세가 즉위했다. 그 후 에드워드 7세의 아들인 조지 5세가 왕위를 이어받았고, 1917년 왕조명을 하노버 왕조에서 윈저 왕조로 바꿔 오늘에 이른 것이다(제1차 세계대전의 영향으로 모든 독일계 작위의 칭호를 버리고 윈저로 가문의 이름을 변경했다. ─옮긴이).

영국 왕조의 변천

여기까지 스튜어트 왕조 → 하노버 왕조 → 윈저 왕조의 변천에 대해 살펴보았는데, 그 이전 왕조에 대해서도 간단히 살펴보도록 하자.

스튜어트 왕조 이전에는 튜더 왕조가 있었다. 그 유명한 엘리자베스 1세가 이 튜더 왕조 시대의 여왕이었다.

엘리자베스 1세는 가톨릭(구교)과 국교회의 종교 대립을 수습하고 세계 최강의 스페인 무적함대를 격파하여 영국이 대국이 되는 기반을 다졌다.

엘리자베스 1세는 "짐은 국가와 결혼했다"라며 평생 독신으로 지냈다. 국내외의 정치적 사정이 복잡하게 얽혀 결혼을

| 그림 6-3 | 영국 왕조의 변천

11세기	노르만 왕조
12세기	플랜태저넷 왕조
15세기	튜더 왕조
17세기	스튜어트 왕조
18세기	하노버 왕조
20세기	윈저 왕조

할 수 없었으나 레스터 백작을 비롯하여 애인으로 추정되는 남자는 많았다. 하지만 자식이 없어서 엘리자베스 1세 대에 튜더 왕조는 단절되고 만다.

1603년, 엘리자베스 1세가 세상을 떠나자 스코틀랜드의 왕 제임스 6세(스튜어트가)가 영국 왕(잉글랜드의 왕) 제임스 1세로 즉위하며 스튜어트 왕조의 문을 연다. 제임스 1세는 엘리자베스 1세의 먼 친척이다.

당시 스코틀랜드는 영국(잉글랜드)에 통합되지 않은 각기 다른 국가였다. 이에 두 나라는 동군연합(서로 독립된 2개 이상의 국가가 동일한 군주를 모시는 정치 형태를 말한다. – 옮긴이)의 형태를 취했다.

제임스 1세는 영국과 스코틀랜드의 통일을 바랐으나 양국은 강경하게 반대했다. 하지만 제임스 1세는 스스로를 '대영 제국의 왕'이라 칭하며 양국을 통합시킨 왕으로 행세했다. 영국과 스코틀랜드는 제임스 1세가 통치하던 시대로부터 100년 후인 1707

제임스 1세. 존 드 크리츠 그림, 1605년경, 프라도 미술관 소장. 영국을 좋아했던 제임스 1세는 영국의 왕이 되고 나서 스코틀랜드에는 한 번밖에 가지 않았다.

년에 통합되어 실질적인 대영 제국이 된다.

튜더 왕조 이전 왕조로는 플랜태저넷 왕조가 있다. 이 왕조 시대
에는 백년 전쟁이라 불리는 영국과 프랑스의 대규모 전쟁이 일어났
다. 플랜태저넷 왕조 전에는 노르만 왕조가 있었는데, 바이킹이라 불
리던 노르만족이 세운 왕조가 바로 노르만 왕조다.

왜 영국 왕실은 남고,
프랑스 왕실은 사라졌는가

▍왕을 죽인 영국인과 프랑스인

역사상 왕이 단두대에서 처형당하는 모습을 보고 환호한 국민이 있었다. 바로 영국과 프랑스 국민들이다.

동서고금을 막론하고 암살당하거나 매장당한 왕은 많았지만 민중의 뜻에 따라, 민중의 손으로, 민중 앞에서 공개 처형당한 왕은 영국 국왕 찰스 1세와 프랑스 국왕 루이 16세뿐이다.

일본 역사에서도 592년 스슌(일본의 32대 왕) 천황이 대신 소가노 우마코(일본 아스카 시대의 귀족이자 정치가로 최고의 권세를 누리며, 소가 씨의 전성기를 이룩하였다. - 옮긴이)에게 살해당했는데, 이는 정적의 암살이지 민중에 의한 처형은 아니었다.

하지만 영국과 프랑스는 다르다. 그들은 자신들의 왕을 자신들의 손으로 처형했다. 1649년 찰스 1세는 영국 내전에서 패함으로써 재판을 통해 사형선고를 받고 공개 처형당했다. 루이 16세 또한 프랑스 혁명 이후 국민공회에 의해 폐위되고, 1793년 사형선고를 받아 콩코르드 광장에서 공개 처형당했다.

한편 프랑스에서는 절대 실패하지 않는 백발백중의 처형기구인 단두대가 개발되었다. 루이 16세는 공구 마니아로 자물쇠를 직접 만

안토니 반 다이크의 <찰스 1세의 삼중 초상>. 1635~1636년, 런던 로열 아트 컬렉션 소장. 소문난 동물 애호가로 개를 사랑했던 찰스 1세. 그가 기르던 견종은 국왕의 이름을 따서 '카발리에 킹 찰스 스패니얼(통칭 카발리에)'이라는 이름이 붙었다. 왕비를 사랑하여 혼외 스캔들 없이 성실한 결혼생활을 유지했던 왕으로도 잘 알려져 있다.

드는 취미가 있었다. 그래서 단두대가 제작될 때, 칼날의 마찰 각도와 저항을 줄이기 위해 비스듬하게 만들어야 한다고 조언하기도 했다. 설마 그렇게 제작된 단두대에 자신의 목이 잘리리라고는 생각하지 못했겠지만 말이다.

같은 해, 왕비 마리 앙투아네트도 단두대의 이슬로 사라졌다.

루이 16세의 초상. 앙투안 프랑수아 칼레 그림, 1788년, 베르사유 궁전 소장. 왕비 마리 앙투아네트에게 휘둘린 어리석은 왕이라는 이미지가 따라다닌다. 아이를 낳기 위해 포경수술을 했다는 소문도 있다.

부르주아란

영국도 프랑스도 혁명 후에 군주제가 부활했다. 영국에서는 군주제가 부활한 후에 두 번 다시 폐지되지 않았으나, 프랑스에서는 1848년 군주제가 다시 폐지된 후로 부활되지 않고 오늘에 이른다. 왜 이러한 차이가 생긴 것일까?

한마디로 말해서 영국의 보수 세력이 민중의 불만을 교묘히 피해

| 그림 7-1 | 계급과 정치 체제

군주제를 유지할 만큼 노련했다면, 프랑스의 보수 세력은 그런 정치적 노련함을 갖추지 못했기 때문이다.

16~17세기, 화폐경제가 침투하면서 유럽 각지에서 시장이 정비되고 부르주아라는 새로운 세력이 대두된다. 부르주아란 성직자나 귀족이 아닌 상공업에 종사하는 중산계급의 시민으로 큰 은행이나 기업의 사장, 중소기업의 사원이 여기에 속한다.

부르주아는 독일어 부르크(도시, 성)에서 유래한 말이다. 중세에는 성벽 안에 시장이 형성되었으며, 그 시장에서 일하는 상공업 종사자들을 '성벽 안의 주민'이라며 뷔르거Bürger라고 불렀다. 이를 프랑스어로는 부르주아bourgeois라고 한다. 프랑스 혁명으로 상공업자인 부르주아가 활약하여 큰 사회적 영향력을 갖게 되면서 프랑스어인 부르주아가 일반에 널리 알려지게 된 것이다. 또한 시민혁명인 프랑스 혁명을 담당했다고 하여 '시민'이라는 의미를 갖게 되었다.

왕후·귀족의 보수 세력은 상류계급이고 부르주아는 중산계급이다. 16~17세기 근세라 불리는 시대 이후, 부르주아가 사회의 중추 세력으로 부상하면서 경제발전과 근대화를 견인했다.

이 부르주아가 하층계급과 손을 잡으면 공화제가 되고 상류계급과 손을 잡으면 입헌군주제가 된다. 프랑스는 전자의 사례이고 영국은 후자의 사례다.

누가 국왕의 처형을 원하는가

상류계급과 하층계급이 서로 줄다리기를 하는 사이 부르주아 중산계급이 어느 쪽으로 기울 것인가는 정치 체제를 결정하는 매우 중요한 요인이 되었다.

영국의 경우, 상류계급이 부르주아 중산계급에 다양한 타협안을 제시하며 그들을 포섭했다. 왕후·귀족이 사안을 멋대로 결정하는 것이 아니라 원칙과 권리관계를 명문화하여 거기에 모두가 따름으로써 공정성을 담보하려 했다. 구체적으로는 1689년 제정된『권리장전』(영국의 국가제도를 규정한 대헌장, 권리청원과 함께 헌정사상 가장 중요한 의미를 가지는 의회 제정법이다. - 옮긴이)이 여기에 해당한다. 부르주아 세력도 이러한 원칙의 명문화에 찬성하여 군주제를 내세운 상류계급과 공존하는 길을 걸었다. 이러한『권리장전』이 기초가 되어 영국에서는 입헌군주제가 발전했다.

하지만『권리장전』이 제정되기 50년 전만 해도 영국의 부르주아는 상류계급에 심하게 반발하며 하층계급과 연대했다. 상류계급은 자신들의 특권을 놓치지 않기 위해 신규 산업의 진입을 방해하고 세제도 자신들에게 유리하도록 만들었다. 두 세력 간의 대립은 날로 심해져 타협의 여지가 없었다.

1642년, 부르주아 세력을 이끌던 지도자 올리버 크롬웰은 청교도 혁명이라 불리는 영국 내전이 시작되자 왕당파를 무찌르고 국왕 찰스 1세를 체포했다. 찰스 1세의 처형을 둘러싸고 부르주아 세력 내부에서도 대립이 생겨났다. 국왕 처형에 찬성하는 세력은 하층계급이었다. 의회파였던 그들은 귀족 등의 특권계급을 배척하려고 했다. 그리고 부르주아 세력은 대부분 이 하층계급의 의견에 동조했다.

한편 부르주아 중 우파 세력은 찰스 1세의 처형에 반대했다. 그들은 공화제에 반대했고 신분질서를 남기는 입헌군주제를 주장했다. 하지만 혁명의 지도자 크롬웰이 다수파인 좌파 세력에 손을 들어주며 1649년 국왕 찰스 1세는 처형되었다.

▮ 공화제는 위험하다고 판단한 중산계급

혁명 후, 크롬웰은 호국경(재임 1653~1658년)에 취임하고 공화제를 선포했으나, 그가 진정 하층계급을 위한 정치를 했느냐 하면 실제로는 그렇지 않았다.

크롬웰의 정치적 입장은 공화제 이전과 이후로 크게 달라진다.

그의 정권이 들어서기 전, 크롬웰은 하층계급과 함께 혁명군을 인솔하여 왕당파를 쓰러트렸다. 그리고 하층계급의 요구에 따라 국왕 찰스 1세를 처형했다.

하지만 정권을 쥔 크롬웰은 하층계급을 탄압하기 시작했다. 특히 하층계급 중에서도 급진적인 공화제를 주장했던 수평파를 위험분자로 판단하고 그들을 탄압했다.

부르주아 세력도 하층계급과 손을 잡는 것에 대해 위험하다고 느꼈다. 인구의 대부분이 하층계급인데, 그들이 자신들의 권리를 주장하기 시작하면 감당할 수가 없기 때문이다. 부르주아 중산계급도 자신들의 지위가 위태로워질 것이라 생각했다.

올리버 크롬웰. 로버트 워커 그림, 1649년, 런던 내셔널 포트레이트 갤러리 소장. 크롬웰은 사후, '왕을 죽인 장본인'이라는 다소 안 좋은 평가를 받았다. 그의 정치 수완과 인물에 대한 평가가 정당하게 이루어진 것은 19세기 후반의 일이다. 한편 크롬웰은 정권 운영을 위해 부유한 부르주아 중산계급의 경제력이 필요하다고 여기고 중산계급을 옹호하는 정치를 펼친다.

크롬웰은 혁명 후 그러한 분위기의 변화를 읽고 정치적 입장을 바꾼 것이다.

적절하게 타협한 영국 국민

크롬웰의 사후, 부르주아 세력은 귀족인 상류계급과의 연대를 강화했다. 부르주아 세력은 자신들의 신분을 지키기 위해 신분제 사회를 강력히 지지한다.

다만 부르주아 세력은 의회정치를 주장하고 상류계급은 군주제를 주장했다. 그리고 양자의 절충안인 입헌군주제가 성립된다. 입헌군주제란 왕의 존재를 인정하면서도 그 독재를 허용하지 않고 의회가 정한 헌법에 근거하여 왕의 권력을 제한하는 제도다.

상류계급과 중산계급 양자는 의회 세력을 형성하고 공화제를 주장하는 세력을 배제한 채 온건한 입헌군주제를 내걸고 왕정복고를 실현시킨다. 그리고 1660년, 찰스 2세가 즉위한다.

당초 찰스 2세는 입헌군주제의 정신에 이해를 표하고 의회와 타협하면서 원만한 관계를 유지했지만, 그도 차츰 의회와 대립하게 되었다. 찰스 2세가 세상을 떠나고 동생인 제임스 2세가 즉위했다. 제임스 2세는 강경보수파로 전제정치의 부활을 노렸다. 왕의 생각이 그러하다 보니 의회와는 사사건건 대립하게 되었는데, 이들의 갈등은 1688년 명예혁명의 발발로 제임스 2세가 폐위되면서 일단락되었다. 명예혁명의 결과로 이루어진 것이 바로 1689년에 제정된 『권리장전』이다.

명예혁명 이후, 영국 의회는 국왕의 실질적 정치 권력을 인정하지 않고, 국왕이 갖고 있던 외교협상권, 관세와 소비세 등의 징세권, 행정집행권을 가져왔다. 이후 "국왕은 군림하되 통치하지 않는다"라는 유명한 말과 함께 영국의 입헌군주제가 확립된다.

프랑스의 하층계급이 강력했던 이유

한편 프랑스에서는 상류계급과 부르주아 세력의 타협이 이루어지지 못했다. 대신 부르주아 세력은 상류계급보다 하층계급과 협조하는 길을 택했다. 프랑스 왕실이 남아 있지 않은 가장 큰 이유가 여기에 있다.

프랑스에서는 영국과 달리 혁명 후에도 하층계급의 세력이 큰 역할을 담당했다. 국왕 루이 16세가 처형당하자 주변 왕국들은 혁명이 자국에도 영향을 미칠까 우려해 프랑스에 군사 개입을 실행하려 했다. 혁명 후, 영국과 같은 섬나라에서는 다른 나라의 개입이 없었으나 대륙에 있는 프랑스는 사정이 달랐다.

프랑스는 자국에 개입하려는 프로이센 왕국과 오스트리아 제국의 군대를 물리치기 위해 강력한 육군이 필요했다. 이 육군 병사를 구성한 것이 하층계급인 민중이었다. 전장에서 목숨 걸고 싸웠던 그들에게는 강한 정치적 발언권이 있어서 누구도 그들을 얕볼 수 없었다. 혁명 후, 영국의 크롬웰은 가차 없이 하층계급을 탄압했으나 프랑스에서는 하층계급에 대한 탄압 자체가 불가능한 일이었다.

다른 나라의 침략 위기에 노출된 프랑스에서는 하층계급 병사들이야말로 혁명 국가의 첫 번째 수호자였으므로 그들의 권리와 주장은 절대적인 것이었다. 이러한 병사들에게 추대되어 단숨에 두각을 나타낸 인물이 나폴레옹 보나파르트다.

부르주아 세력도 나폴레옹의 세력을 지원했다. 프랑스 부르주아 세력이 하층계급과 손을 잡는 것은 필연이었고, 그런 의미에서 군주제는 존속될 여지가 없었다.

나폴레옹 시대인 19세기 초에는 육군 병사의 수가 전쟁의 승패를 좌우했다. 그리고 19세기 후반부터는 병사의 수보다 장비와 병기의 질이 승패의 주요 원인이 되었다. 나폴레옹이 강했던 이유는 인구수에 비례하여 징병 가능한 병력의 수가 다른 나라를 압도했기 때문이다. 그리고 그런 프랑스의 강대한 군사력을 뒷받침한 것이 하층계급인 민중이었다.

▌옛 프랑스의 영광을 재현해주리라 믿었던 황제

하지만 강력한 나폴레옹의 군대도 여러 나라의 포위망이 강화되자 결국 와해된다. 나폴레옹은 대서양의 고도 세인트헬레나섬으로 유배되어 그곳에서 최후를 맞이한다. 그 후 1815년 왕정복고로 루이

16세의 남동생 루이 18세가 즉위하면서 프랑스에는 부르봉 왕조가 부활한다.

하지만 국민들의 불만은 계속해서 쌓여 갔으며 1848년 시민혁명(2월 혁명)이라는 형태로 다시금 폭발한다. 이때 국왕이었던 루이 필리프 1세는 왕위를 양위하고 프랑스를 떠나 영국으로 망명했으며, 이후 프랑스는 군주제를 폐지하고 제2공화정을 채택하였다.

군주제가 붕괴한 프랑스에서는 공화제가 수립되었으나 공화주의자들이 정권을 제대로 운영하지 못해 혼란이 극에 달했다. 이 혼란을 수습한 이가 나폴레옹의 조카 나폴레옹 3세였다.

과거 나폴레옹은 하층계급(특히 병사)의 지지를 기반으로 부르주아 중산계급의 지지까지 흡수하며 황제가 되었다. 이렇게 중산·하층계급의 폭넓은 지지를 동시에 얻은 나폴레옹식 정치 체제를 두고 그의 이름을 딴 '보나파르트주의'라고 한다. 말하자면 나폴레옹은 하층 및 중산 두 계급을 중개하는 조정자였던 셈이다.

이 보나파르트주의와 같은 방법으로 정권을 거머쥔 이가 나폴레옹 3세였다. 2월 혁명으로 공화정이 들어섰을 때 대통령으로 선출된 나폴레옹 3세는 대통령 재직 중 쿠데타를 일으켜 공화정 체제를 붕괴시키고, 1852년 국민의 압도적인 지지를 받으며 황제에 즉위한다. 프랑스 국민은 옛 프랑스의 영광을 조카인 나폴레옹 3세가 재현해주리라 믿었다.

나폴레옹 3세는 농민, 노동자를 흡수하기 위해 복지정책을 실시했다. 그리고 1855년, 파리에서 만국박람회를 개최하고 파리 시가지를 오늘날과 같은 파리 시내의 모습으로 정비했다.

한편 나폴레옹 3세는 산업자본가 등 부르주아 세력의 지지를 얻기 위해 대외 전쟁에 적극적으로 나선다. 아편 전쟁에 참전하며 중국 시장에 진출했고, 이탈리아 통일 전쟁에 개입하며 이탈리아 시장에 진출했다. 인도차이나에도 군대를 보내 베트남·캄보디아 시장으로 진출했으며, 멕시코에도 원정을 나서는 등 해외 시장을 개척하느라 분주했다.

나폴레옹 3세는 중산·하층계급 어느 한쪽에 치우치지 않고 균형을 이루며 나라를 통치했으나, 1870년 프로이센·프랑스 전쟁에 패하면서 제정이 무너진다. 나폴레옹 3세는 프로이센(독일)의 포로가 되었다가 석방되어 영국으로 망명했다.

나폴레옹 3세. 아돌프 이본 그림, 1868년, 월터스 아트 뮤지엄 소장. 숙부와 마찬가지로 나폴레옹 3세는 군주로서의 정통성이 없어 다른 유럽 군주들에게 무시당했다. 특히 러시아 황제는 '벼락출세자'라며 그를 노골적으로 싫어했다.

나폴레옹 3세의 몰락 후 프랑스에서는 제3공화정이 발족했고 부르주아파의 루이 아돌프 티에르가 정부 수반에 오르며 의회를 출범시켰다. 참고로 프랑스의 제1공화정은 프랑스 혁명 이후를 의미하며, 제2공화정은 2월 혁명 이후다.

　제3공화정은 1940년 나치의 파리침공까지 이어진다. 전후 1946년 제4공화정이 성립되고, 1958년에 샤를 드골 대통령의 취임과 함께 제5공화정이 성립되어 오늘에 이른다.

야경의 나라 네덜란드는
언제 왕국이 되었을까

마약도 매춘도 자기 책임인 자유의 나라

네덜란드에서는 마리화나를 피울 수 있다. 사람들이 오해하기 쉬운데, 명확히 말하면 합법은 아니다. 네덜란드 법률에 따르면 대마는 소지도 사용도 금지다. 하지만 각 지방자치단체의 판단에 따라 개인의 경우 5그램 이하의 대마라면 기소가 유예된다. 즉 위법이지만 처벌을 받지 않는 것이다.

수도 암스테르담에는 홍등가라고 하는 유명한 매춘가가 늘어서 있다. 마약도 매춘도 자기 책임의 범위 내에서 가능하며 정부가 일일이 간섭하지 않는다. 자유의 나라 네덜란드에서만 볼 수 있는 독특한 광경이다.

네덜란드는 북부 7개 주가 16세기 스페인에서 독립하면서 왕이

렘브란트 판 레인의 <야경(야간순찰)>. 1642년, 암스테르담 국립박물관 소장. 시민의 공동통치와 공동 관리라는 이념을 내걸었던 당시 네덜란드의 모습을 엿볼 수 있다.

없는 연방제 공화국이 된다(네덜란드 연방 공화국). 네덜란드주를 비롯 하여 각 주가 거의 완전한 자치권을 가졌다. 또한 네덜란드는 상인 의 나라로, 자유로운 교역·통상을 추구하는 상인들은 예로부터 권 력에 의한 규제를 싫어했다.

그래서 자기 일은 스스로 해결하는 자치가 철저히 이루어졌다. 국가 권력을 억제한다는 관점에서 경찰 조직도 최소한에 그쳤다. 네 덜란드를 대표하는 화가 렘브란트의 <야경(야간순찰)>에는 시민 민병 대가 거리를 순찰하는 모습이 묘사되어 있다.

자치원칙은 네덜란드의 국가 성립 이래 계속 이어져 온 전통이다. 그 연장선상에서 '마약과 매춘을 자기 책임으로'라고 용인하는 오늘날의 모습을 갖추게 된 것이다.

▍과거 독일의 일부였던 네덜란드

자치원칙을 철저히 지켰으나 현재의 네덜란드는 왕국(입헌군주제)이지 공화국이 아니다. 정식 국호는 네덜란드 왕국이다.

2013년, 베아트릭스 여왕은 장남 빌럼 알렉산더르에게 왕위를 물려주고 텔레비전 연설을 통해 이를 선포했다. 그렇다면 오라녀-나사우 왕조인 네덜란드는 언제, 어떻게 왕국의 형태를 갖추게 되었을까? 네덜란드 왕실의 역사를 거슬러 올라가보자.

네덜란드는 원래 독일(신성로마 제국)의 일부였다. 영어로 네덜란드는 Dutch(더치)인데, 이 Dutch는 독일Deutsche을 가리킨다. 즉 네덜란드에는 국명이 없었다. 16세기에 네덜란드가 독립을 선언하자 영국은 네덜란드와 독일을 구별하기 위해 Dutch를 네덜란드로, German(게르만을 가리킨다.)을 독일로 부르기로 한 것이다.

네덜란드의 국토는 대부분이 표고 200미터 이하로 영토의 4분의 1이 해수면보다 낮은 간척지다. 그래서 '저지지방=니덜란드 Niderland'(여기서 Nider는 독일어로 '낮다'라는 의미)로 불렸으며, 니덜란드가 바뀌어 현재의 네덜란드Nederland가 된 것이다.

네덜란드의 주 중에서는 암스테르담이 있는 홀란트주가 가장 풍요로웠으므로 모든 주를 대표하여 홀란트가 네덜란드의 또 다른 국가명이 되었다.

독립 전쟁을 치른 네덜란드 왕실의 시조

당시 독일은 신성로마 제국의 지배하에 있었다. 신성로마 제국은 스페인에서 독일·오스트리아, 동유럽에 이르기까지 광대한 영토를 보유했고, 네덜란드도 이러한 신성로마 제국의 지배하에 있었다.

16세기, 신성로마 제국의 황제인 카를 5세는 광대한 제국의 영토를 오스트리아계와 스페인계로 나눈다. 그리고 아들인 펠리페 2세에게 스페인과 네덜란드 등을 물려주었다. 이후 네덜란드는 스페인 왕 펠리페 2세의 압정에 시달린다. 이 무

빌럼 1세. 소 아드리엔 토머스 키 그림, 1575년, 암스테르담 국립박물관 소장. 빌럼 1세는 청년 시절 황제 카를 5세에게 유능함을 인정받아 네덜란드의 통치를 위임받았으나 펠리페 2세와는 격렬하게 대립했다.

럽, 네덜란드는 상업이 급속도로 발전하면서 암스테르담에 은행, 증권회사, 보험회사 등 금융기관이 줄지어 형성되었고 전 유럽에서 풍부한 자금이 유입되었다.

네덜란드는 강한 경제력을 배경으로 스페인을 상대로 격렬한 독립 전쟁을 벌여 1581년에 독립을 선언한다(1648년 베스트팔렌 조약으로 국제사회에서 정식으로 독립 승인). 이 독립 전쟁에서 네덜란드군을 이끌고 싸운 이가 오라녀-나사우가의 빌럼 1세다.

빌럼 1세는 당초 스페인에 정복되었으나 1568년 네덜란드군이 봉기하자 결의를 다진다. 하지만 스페인군에 비하면 힘이 약했던 네덜란드군은 연전연패했다. 정면에서는 이길 수 없다고 판단한 빌럼 1세는 상선을 군선으로 개조하여 연안도시에 주둔하는 스페인군을 습격하라고 작전을 변경한다. 그리고 이 작전이 성공하여 주요 해상도시를 탈환한다.

▌독일의 귀족이었던 나사우가

네덜란드를 독립으로 이끈 빌럼 1세는 오라녀-나사우가 출신으로 이 가계가 현재의 네덜란드 왕실까지 이어진다.

나사우는 독일 서부의 라인란트팔츠주의 지방 도시이고 나사우가는 이 땅을 다스리는 독일 귀족이었다.

나사우가는 16세기 초 혼인을 통한 상속으로 네덜란드 남부의 브레다를 얻으면서 네덜란드와 깊은 관계를 맺게 된다. 빌럼 1세부터 3대 위의 나사우가 수장 헨드릭 3세는 신성로마 제국의 황제로부터 홀란트주, 제일란트주, 위트레흐트주를 통치하는 총독에 임명된다.

또한 나사우가는 16세기 중반, 혼인을 통한 상속으로 남프랑스의 오랑주(네덜란드어로 오라녀)령을 손에 넣었다. 이 일이 있은 후, 나사우가는 오라녀-나사우가로 이름을 바꾸고 명문가로서 격이 높았던 오라녀가를 우선하여 오라녀 공으로 불리게 된다.

이 가문에서 나온 빌럼 1세가 네덜란드 독립 전쟁을 지휘하였으며, 그의 자손들이 네덜란드 공화국의 총독 지위를 세습하게 된다.

| 그림 8-1 | 나사우가의 세력 확대

참고로 1713년 나사우가가 영유하던 오랑주 공령은 태양왕 루이 14세에 의해 프랑스에 합병된다. 그래서 오라녀 공의 칭호는 명목상에 불과하게 된다.

영국 왕이 된 네덜란드 총독

17세기에 들어서면서 네덜란드는 '자유로운 상업'이란 이념을 내세우고 국내외의 사람·물자·돈을 끌어 모으며 급속도로 발전하여 해외 식민지 쟁탈전에 뛰어든다. 30년 전쟁(1618~1648년, 유럽에서 로마 가톨릭 교회를 지지하는 국가들과 개신교를 지지하는 국가들 사이에 벌어진 종교 전쟁-옮긴이)으로 유럽이 혼란한 틈을 타 네덜란드는 아시아로 진출하여, 말라카 해협을 지배하며 동남아시아와 타이완, 중국, 일본에까지 도달했다.

하지만 네덜란드는 이내 영국과 해상무역의 이권을 둘러싸고 대립한다. 그 사이 영국에서 청교도 혁명을 거쳐 크롬웰이 정권을 잡자, 두 나라 간의 대립은 영국-네덜란드 전쟁으로 확대된다. 이 전쟁에서 상업대국 네덜란드는 영국의 해상력을 당해내지 못하고 패하고 만다. 이후 네덜란드의 세력은 쇠퇴하고 영국의 우위가 확립된다.

해외로 진출한 영국은 북미와 인도에서 프랑스와 격렬하게 대립하고, 프랑스에 대항하기 위해 네덜란드와의 관계 회복을 꾀한다.

하지만 네덜란드는 영국-네덜란드 전쟁에서 영국에 패한 뒤 이를 갈고 있었다. 이에 영국은 네덜란드에 파격적인 성의 표시를 하게 된다. 1688년, 명예혁명으로 제임스 2세가 추방되자 네덜란드 총독 빌럼 3세(윌리엄 3세)와 그의 처 메리(메리 2세는 제임스 2세의 딸로 명예혁명 후 남편 빌럼 3세와 함께 영국의 공동 왕으로 추대되었다. - 옮긴이)를 영국의 국왕으로 추대한 것이다. 네덜란드의 수장을 영국 국왕으로 맞이함으로써 두 나라는 일체화되었다.

부부가 영국 왕에 공동으로 추대된 이유는 영국 왕실과 별다른 연고가 없는 빌럼 3세와 달리 아내 메리가 스튜어트 왕가 출신이었기 때문이다. 오라녀는 영어로 '오렌지orange'를 의미하기 때문에 빌럼 3세는 '오렌지 공 윌리엄'으로도 불렸다. 1대로 끝나긴 했지만 이렇게 해서 네덜란드와 영국의 동군연합이 성립되었다.

영국은 네덜란드의 지원을 받아 프랑스와 100년에 걸쳐 전쟁을 계속했다. 영국은 제2차 백년 전쟁으로 불리는 이 전쟁에서 최종적으로 승리하고, 18세기 후반 세계에 군림하는 대영 제국을 이룩한다.

빌럼 3세. 고트프리트 넬러 그림, 1680년대, 스코틀랜드 국립미술관 소장. 영국은 네덜란드와의 동맹의 증표로 빌럼 3세를 영국의 왕으로 맞았다.

공화국의 전통을 버린 네덜란드

빌럼 3세부터 시작해 3대째인 빌럼 5세 시대에 프랑스 혁명이 일어나고, 나폴레옹이 네덜란드를 점령하면서 빌럼 5세는 총독의 자리에서 쫓겨난다.

그래서 한동안 프랑스의 지배를 받다가 나폴레옹이 몰락하면서 오라녀-나사우가가 부활한다. 하지만 이때는 공화국의 총독으로서가 아니라 입헌군주제 왕국의 왕으로 부활한다.

나폴레옹의 실각 후, 1814~1815년에 열린 빈 회의에서 '정통주의'가 채택되고 유럽 제국의 왕실은 프랑스 혁명 이전 상태로 돌아갔다. 이러한 분위기 속에서 유럽 제국은 네덜란드가 공화국이 되는 것을 인정하지 않았다. 프랑스 혁명 후의 공화국 정부가 프랑스만이 아니라 유럽 전체를 대혼란에 빠트렸던 과거의 실수를 되풀이하지 않기 위해 공화파 세력을 철저히 탄압해야 하는 상황이었기 때문이다. 네덜란드도 여기에 저항할 수 없었다.

네덜란드는 왕국이 되는 대신, 남네덜란드(벨기에)와의 병합을 인정받았다. 그래서 벨기에는 1830년에 독립할 때까지 네덜란드 왕국의 지배하에 있게 된다.

이렇게 해서 빌럼 6세가 1815년에 네덜란드 왕 빌럼 1세로 왕위에 오른 후 대대로 네덜란드 총독을 역임한 오라녀-나사우가는 마침내 네덜란드 왕실이 된다.

3대로 이어진 여왕의 나라

네덜란드의 왕위계승은 장자상속제다. 남녀에 관계없이 장자가
왕위를 잇는다. 단, 이는 1983년 이후의 일로 그 전에는 남자 우선이
었고 촌수가 가까운 남자 친척이 없는 경우에 한해서만 촌수가 가장
가까운 여성이 계승한다고 규정되어 있었다.

현재 국왕인 빌럼 알렉산더르에게는 장녀 카타리나 아말리아 공
주가 있다. 장자상속제라서 공주가 다음 왕위계승자다. 국왕의 슬하
에 딸만 셋이라 네덜란드 차기 국왕은 여왕일 가능성이 높다고 할 수
있다. 하지만 이는 새삼스러운 일이 아니다. 네덜란드는 빌럼 알렉
산더르 이전의 3대가 모두 여왕으로, 실로 '여왕의 나라'라 해도 과언
이 아니기 때문이다.

빌럼 알렉산더르 국왕의 어머니 베아트릭스 전 여왕은 독일 외교

▄▖ 네덜란드의 역대왕(오라녀-나사우가)

국왕	재위 기간	관계
빌럼 1세	1815~1840년	총독에서 국왕으로
빌럼 2세	1840~1849년	빌럼 1세의 아들
빌럼 3세	1849~1890년	빌럼 2세의 아들
빌헬미나	1890~1948년	빌럼 3세의 딸
율리아나	1948~1980년	빌헬미나의 딸
베아트릭스	1980~2013년	율리아나의 딸
빌럼 알렉산더르	2013년~	베아트릭스의 아들

관 클라우스 공과 결혼했다. 하지만 클라우스 공이 청년 시절 나치 당원이어서 네덜란드 국민은 두 사람의 결혼에 비판적이었다. 이 일로 마음고생을 한 클라우스 공은 한때 적응장애를 앓기도 했다. 하지만 천성이 "내 일은 장례식에 참가해 테이프를 끊는 것이다"라며 주변 사람들을 웃길 줄 아는 유머러스한 성격의 소유자였던 덕에 결국 국민들의 마음을 얻었다. 그는 2002년에 세상을 떠났다.

베아트릭스 여왕은 재위 기간 중이던 1995년, 과거 네덜란드의 식민지였던 인도네시아를 방문했을 때 "식민지 지배는 서로에게 은총이었다"고 연설해 물의를 일으킨 바 있다.

레이던대학에서 역사학을 수료한 빌럼 알렉산더르 현 국왕도 아르헨티나 출신의 막시마 소레기에타와 약혼해 비판을 받기도 했다. 약혼녀의 아버지가 악명 높은 아르헨티나 군사정권의 대신이었기 때문이다. 그럼에도 불구하고 2002년 두 사람은 결혼했다.

제 4 장

스페인, 벨기에, 독일의 왕실

09

스페인 왕실은
태양왕 루이 14세의 자손

저주받은 스페인 왕가

왕은 대개 불행했다고 한다. 합스부르크가의 왕들은 특히 더 그러했다.

말단비대증이라는 병이 있다. 스페인 합스부르크가의 왕족은 거의가 이 병에 시달렸다. 이 병은 성장호르몬의 과다분비로 아래턱이 밀려나오고 입술이 두꺼워지며 이마가 튀어나오는 증상을 보인다. 여기에 손발이 길어지고 몸의 근육이 수축되는데, 특히 턱 근육이 약해져서 입을 다물지 못하게 된다.

스페인 합스부르크 왕조의 마지막 왕 카를로스 2세는 전형적인 말단비대증 환자였다. 카를로스 2세는 지적 능력에 문제가 있었을 뿐만 아니라 성적으로도 장애가 있어서 후세를 남기지 못해 그의 대에서 합스부르크 왕가는 단절되었다.

스페인 합스부르크가의 자손은 대개 열 살을 넘기지 못하고 요절했다. 16세기부터 17세기에 이르기까지 합스부르크가 34명의 자손들 중 10명(29.4퍼센트)은 한 살도 되기 전에 사망하고, 17명(50퍼센트)은 열 살이 되기 전에 사망했다. 당시의 일반적인 영유아 사망률과 비교해도 명백하게 높은 수치였다. 카를로스 2세도 요절할 것이라 예상했으나 각별한 보살핌을 받은 덕분에 서른아홉 살까지 생존할 수 있었다.

카를로스 2세. 후안 카레노 데 미란다 그림, 1680년, 프라도 미술관 소장. 카를로스 2세는 지적 능력의 문제와 더불어 다양한 정신질환에 시달렸다. 왕비가 죽었을 때는 정신착란에 빠져 왕비의 유해를 파헤치기도 했다.

사람들은 병에 시달리는 왕족들을 보고 '왕가가 저주받았다'고 생각했다. 이렇게 질환과 장애, 기형을 가진 아이가 태어난 것은 몇 대에 걸친 근친결혼 때문이었다. 왕가에서는 숙부와 조카, 사촌 등 같은 혈족과의 결혼을 거듭하며 유전병이 심각해졌다.

스페인 합스부르크가의 약 80퍼센트가 3촌 이내의 근친결혼으로 근친교배 계수가 월등히 높았다는 사실을 알 수 있다.

합스부르크가는 왜 근친결혼을 반복했는가

근친결혼이 병약한 아이를 낳는다는 인식은 당시에도 어느 정도 있었다. 그럼에도 합스부르크가는 근친결혼을 밀어붙였다. 그 이유가 뭘까?

합스부르크가는 10세기 무렵 라인강 상류의 독일 남부, 현재의 스위스에서 일어난 귀족이다. 라인강과 도나우강이 만나는 지역 일대를 영토로 하여 수운의 이익을 낳는 교역을 활발히 하면서 부를 쌓았다. 13세기에는 오스트리아 빈을 본거지로 하여 독일 남부 전역으로 영토를 확대했다.

합스부르크가는 신성로마 제국(독일)의 제위에 대한 야심을 갖고 엄청난 재력을 바탕으로 독일 제후를 회유하여 국왕으로 선출된다. 그 후 15세기 제위에 대한 합스부르크가의 세습이 인정되면서 신성로마 제국은 19세기에 나폴레옹에 의해 해체될 때까지 합스부르크가에 세습되었다.

합스부르크가가 제위를 세습하고 얼마 지나지 않아 황제 막시밀리안 1세는 부르군트 공국의 딸과 결혼한다. 부르군트 공은 프랑스 동북부부터 네덜란드(홀란트, 벨기에)를 영유한 프랑스의 귀족이었다. 그가 죽었을 때 남자 후손이 없어서 막시밀리안 1세가 부르군트 공국령인 네덜란드를 상속받았다.

막시밀리안 1세에게는 아들인 필리프(후에 펠리페 1세가 된다. —옮긴이)가 있었는데, 그가 스페인 공주 후아나와 결혼하면서 손자 카를 5세에게 스페인의 피가 흐르게 된다. 훗날 스페인 왕국에 남자 후손이 없어서 카를 5세가 스페인을 상속하면서 신성로마 제국의 황제 카를 5세는 동시에 스페인 국왕 카를로스 1세가 된다.

혼인관계를 통한 상속이 계속되면서 합스부르크가는 카를 5세 시대에 오스트리아와 독일, 네덜란드, 벨기에, 스페인에 이르는 광대한 영토를 보유한 대제국을 건설한다. 그 외에 나폴리 왕국, 시칠리아 왕국 등의 남이탈리아도 합스부르크가의 영토가 되었다.

합스부르크가는 이 무렵부터 근친결혼을 거듭한다. 과거부터 자신들이 혼인관계를 맺고 상속을 통해 영토를 확장해왔으니, 다른 가문에 똑같은 일을 당하지 않을까 경계한 것이다. 이에 영토를 빼앗기지 않기 위해 다른 가문과의 혼인을 금지하는 암묵적인 규칙이 생기기도 했다. 영토 등 재산에 대한 독점욕이 이러한 일그러진 풍습을 낳은 가장 큰 이유라 할 수 있겠다.

| 그림 9-1 | 합스부르크가의 인척

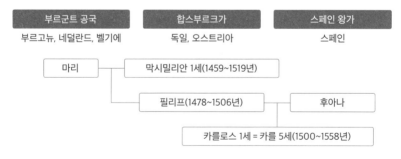

두 개의 합스부르크 왕가

합스부르크 제국은 카를 5세 시대에 전성기를 맞았으나 그가 죽고 나서는 영토가 둘로 나뉜다. 카를 5세는 남동생 페르디난트 1세에게 신성로마 제국의 황제 자리와 오스트리아, 독일을 물려주었다. 이것을 오스트리아계 합스부르크라고 한다. 나아가 아들 펠리페 2세에게는 스페인과 네덜란드를 물려주었다. 이를 스페인계 합스부르크라고 한다.

대항해 시대를 맞아 대서양 연안에 위치한 스페인의 발전이 두드러지며 강력한 세력을 자랑했으나 1588년 스페인의 무적함대가 영국 해군에 패배하며 제해권(해상의 군사, 통상, 항해 따위에 관하여 국가 이익과 안보를 위해 실력을 행사할 수 있는 권리―옮긴이)을 빼앗기고 쇠퇴하게된다. 오스트리아계도 1618년에 시작된 30년 전쟁으로 프랑스에 패배하여 쇠퇴의 길을 걷는다.

오스트리아계도 스페인계와 마찬가지로 근친결혼을 수없이 되풀이했다. 하지만 스페인계만큼 근친교배 계수가 높지 않아서 카를로스 2세와 같은 장애를 가진 자가 태어나는 일은 많지 않았다.

오스트리아계는 건강한 아이를 많이 낳은 가

| 그림 9-2 | 카를 5세 사후 합스부르크 제국의 분할

오스트리아계	스페인계
남동생 페르디난트 1세	아들 펠리페 2세
독일, 오스트리아, 동유럽	**스페인, 네덜란드, 벨기에**
→ 신성로마 제국(1806년까지)	→ 스페인 왕국(1700년까지)
오스트리아 제국(1918년까지)	

계로, 18세기에 여제로 유명한 마리아 테레지아는 남자 5명, 여자 11명으로 총 16명의 자식을 낳았다. 그의 막내딸이 마리 앙투아네트로 프랑스 왕 루이 16세의 비다.

오스트리아계 합스부르크가는 그 후에도 계속되지만 1918년 제1차 세계대전의 패배로 결국 제국은 해체되고 만다.

한편 스페인계는 펠리페 2세 이후, 펠리페 3세 → 펠리페 4세 → 카를로스 2세까지 4대 동안 스페인의 왕위를 이어갔지만, 1700년 카를로스 2세가 세상을 떠나면서 왕통이 단절된다.

프랑스인이 스페인 왕실의 시조

스페인계 합스부르크 왕조가 단절되자 프랑스 왕 루이 14세(부르봉 왕조)는 자신의 손자인 필리프를 스페인의 왕위에 올린다. 손자 필리프의 할머니, 즉 루이 14세의 아내 마리 테레즈가 합스부르크 왕가 출신이었기 때문이다.

스페인 귀족들은 프랑

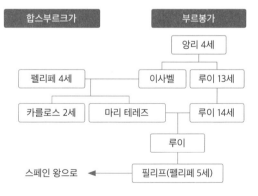

| 그림 9-3 | 스페인 합스부르크가와 부르봉가의 관계

스 부르봉 왕조의 강대한 힘을 두려워해 협조하기 시작했다. 루이 14세의 손자를 국왕으로 맞이하면서 필리프가 펠리페 5세로 스페인 왕에 즉위했다. 이렇게 시작된 스페인의 부르봉 왕조는 오늘날까지 이어진다.

하지만 유럽 제국, 특히 영국과 오스트리아 제국은 프랑스 왕족이 스페인의 왕이 되자 심하게 반발했다. 이윽고 스페인 상속 전쟁이 발발한다. 이 전쟁은 10년 이상 계속되었고 최종적으로 프랑스가 스페인의 왕위계승을 인정받는 것으로 끝났다. 하지만 큰 대가도 치렀다. 영국에는 신대륙 영토 전부를, 오스트리아에는 네덜란드 남부(벨기에)와 이탈리아 영토를 넘겨야 했다.

펠리페 5세. 장 랑크 그림, 1723년, 프라도 미술관 소장. 스페인 부르봉 왕조의 시조. 스페인에 갔을 때 할아버지 루이 14세는 "좋은 스페인인이 되어라. 그것이 너의 첫 번째 의무다. 허나 프랑스인임을 잊지 말아라"라는 말을 남겼다.

이렇게 해서 루이 14세의 손자 펠리페 5세는 프랑스의 강력한 후원을 바탕으로 스페인을 장악해 나갔으며 스페인 부르봉 왕조의 기반을 세운다. 하지만 펠리페 5세도 정신질환이 있어 심한 조울증으로 불면에 시달렸다. 그는 루이 14세 사망 후 프랑스 왕위를 노렸으나 프랑스 귀족들에게 저지당했다.

국민을 고통에 빠트린 스페인 왕

스페인 부르봉 왕조는 한때 나폴레옹의 지배를 받으며 19세기 중반까지 단절되었다가 복고되어 20세기까지 이어진다. 그사이 약 200년간 스페인 왕은 보수적이고 경직된 정치를 펼치며 자유주의를 심하게 탄압했다. 그 결과 국력이 약해졌고 라틴아메리카와 필리핀 등의 해외 식민지도 잃게 되었다.

1931년 좌익 공화파가 득세하는 사이 국왕 알폰소 13세가 왕위에서 쫓겨나고 공화정이 성립된다. 그 후, 스페인 내전을 거쳐 프란시스코 프랑코(1939~1975년까지 스페인 정권을 잡은 파시스트 지도자－옮긴이)의 독재 정치가 시작된다. 하지만 1975년에 프랑코가 세상을 떠나자 알폰소 13세의 손자인 후안 카를로스 1세가 왕의 자리에 오르면서 스페인의 부르봉 왕조는 부활하게 된다.

그리고 2014년, 당시 76세였던 후안 카를로스 1세는 세대교체를 이유로 생전에 퇴위했다. 그때까지 스페인 법률에는 생전 퇴위에 관한 규정이 없었으나 스페인 정부는 2주일여 만에 관련 법안을 제정하고 상하 양원에서 가결·성립시켰다.

스페인 왕은 역사적으로 압정을 펼쳐 국민을 괴롭혔는데 후안 카를로스 1세 시대에도 이러한 상황은 이어졌으며, 그의 뒤를 이은 펠리페 6세 시대가 되어서야 겨우 국민의 지지를 폭넓게 얻을 수 있게 되었다.

원칙상 남계가 계승하는 스페인 왕실

후안 카를로스 1세의 퇴위와 함께 장자 펠리페 6세가 즉위하면서 현재의 국왕이 된다. 펠리페 6세는 루이 14세의 손자인 펠리페 5세부터 해서 12대 국왕이 된다.

펠리페 6세는 마드리드 자치대학에서 법률을 배웠으며 바르셀로나 올림픽에 요트 선수로 출전했던 스포츠맨이다. 2004년 국영텔레비전 캐스터와 결혼해 슬하에 두 명의 공주를 두고 있다.

스페인의 왕위는 원칙적으로 남계 남자만이 계승할 수 있으나, 직계 남자가 없는 경우에는 여왕이 인정된다.

부르봉 왕조는 프랑스에서든 스페인에서든 '살리카법Salic Law'이라고 해서 남계 남자의 왕위계승만을 인정하는 규정이 있다. 살리카법은 프랑크의 한 분파인 살리족이 만든 프랑크 왕국의 법전에서 유래하는데, 프랑스 왕실은 이 살리카법을 대대로 엄격하게 지켜왔다.

합스부르크가도 이 살리카법을 답습하여 다른 가문의 남성이 왕실을 빼앗는 것을 방지하려 했다. 앞에서 나왔던 오스트리아 제국의 마리아 테레지아도 보통 여제라고 하지만 법적으로는 황제가 아니었다. 황제는 남편 프란츠 1세 슈테판이고 마리아 테레지아는 황후로서 공동통치자 입장이었다. 남편 프란츠 슈테판은 프랑스의 귀족 로트링겐 공으로, 마리아 테레지아 이후 오스트리아 제국은 합스부르크 로트링겐 왕조라 불린다.

오늘날 스페인 왕실도 이 살리카법의 전통에 따라 원칙상 남계 남자의 왕위계승밖에 인정되지 않지만, 현재의 국왕 펠리페 6세의 슬하에 아들이 없어서 차기 왕은 여왕이 될 가능성이 높다.

포르투갈의 두 왕조

포르투갈은 이슬람의 침입과 싸운 무인세력이 왕국의 기반을 형성하여 스페인 세력에 대항하면서 국력을 증강시켰다.

이 중 아비스 왕조는 15세기 대항해 시대에까지 진출하여 번영을 누렸다. 아비스 왕조는 왕권이 탄탄하여 유럽에서 가장 이른 시기에 절대주의를 확립했다. 유명한 엔히크 항해 왕자(포르투갈 아비스가의 왕자이며, 포르투갈 제국 초창기의 주요 인물로 아프리카를 돌아 아시아로 나가는 항해로 개척을 지원하였다. – 옮긴이)도 아비스가 출신이다.

1580년 아비스가가 단절되자 이곳은 합스부르크가 출신의 스페인 국왕에 의해 병합된다. 당시 스페인 왕 펠리페 2세는 포르투갈을 동군연합 지역으로 인정하고 자치를 허용하며 너그럽게 통치했다. 하지만 17세기에 이르러 스페인이 포르투갈을 억압하자 포르투갈인의 독립 의식은 차츰 높아진다.

1640년 포르투갈이 독립하면서 아비스가의 분가인 브라간사가의 주앙 4세가 포르투갈 왕으로 즉위한다. 브라간사 왕조는 스페인의 쇠퇴와 함께 힘을 잃었으나 20세기까지 지속된다.

19세기 후반에 들어서면서 산업혁명으로 새로이 등장한 부르주아와 노동자가 공화주의를 목표로 1910년 10월 혁명을 일으킨다. 이에 군주제가 무너지고 포르투갈 최후의 국왕 마누엘 2세가 해외로 망명하며 브라간사 왕조는 붕괴되었다. 이후 포르투갈은 공화국이 되어 현재에 이른다.

그 사이에 쿠데타가 잇달아 발생하며 혼란의 시대를 맞이하지만 1930년대 안토니우 살라자르가 독재 체제를 구축하며 정세를 안정시켰다.

10

영국에 의해 탄생한
벨기에 왕실

왕비가 남편의 이미지 전략을 담당하다

벨기에 국왕 필리프는 왕세자 시절, '세계에서 제일 재미없고 까칠한 왕자'로 유명했다. 늘 무뚝뚝한 표정에 잘 웃지 않아서 어두운 사람이라는 평판이 따라다녔다. 그러다 보니 "필리프 왕자는 왕위에 어울리지 않아"라는 목소리도 많았다.

필리프 국왕은 벨기에 왕립육군사관학교를 나와 영국의 옥스퍼드대학 트리니티 칼리지, 미국의 스탠퍼드대학 대학원에서 정치학을 수료하는 등 두뇌가 명석하고 우수하다.

공군 중위로 임관하여 공연부대에 배속된 후 공군 대좌, 소장으로 순조롭게 승진했으며, 고지식하고 착실한 성격으로 군인이 성격에 잘 맞았다. 취미는 철학이고 여성과의 소문도 일절 없다.

그런 남편을 대변신시킨 사람이 왕비인 마틸드 두덱켐 다코즈다. 마틸드 왕비는 필리프 국왕(당시는 왕세자)에게 밝은색의 캐주얼한 옷을 입혔다. 필리프 국왕은 어두운 색 양복 이외에 다른 옷을 입지 않아서 이것만으로도 큰 변화였다. 또한 필리프 국왕이 사진 촬영을 할 때 "꼭 웃으라"고 엄명(?)을 내렸다. 표정과 말투에 관해서도 섬세하게 지시를 했다. 필리프 국왕도 아내의 조언에는 얌전히 따랐다고 한다. 국왕의 미디어 배포용 사진도 왕비가 철저히 취사 선택했다.

그 결과 왕세자에 대한 국민의 인식이 개선되었다. 2013년 필리프 국왕이 53세로 즉위했을 때는 벨기에 국민에게 절대적인 지지를 받게 된다.

최근 마틸드 왕비는 국왕이 아이들의 아침 등굣길에 배웅하는 모습을 미디어에 노출시키며 가족을 사랑하는 아버지상을 보여주는 데도 성공했다. 국왕의 이미지 만들기도 여간 힘든 일이 아닌 것이다. 필리프 국왕이 원래 고지식하고 착실한 성격인 만큼 신뢰감이 있던 터라 까칠하고 어두운 이미지가 개선되자 국민의 호감도는 단숨에 올라갔다.

마틸드 왕비는 벨기에 귀족 출신(두덱켐 다코즈 백작의 영애) 왕비다. 대학에서 심리학을 전공하고 언어장애치료사 자격증을 갖고 있다. 1999년 결혼해 슬하에 엘리자베트 공주를 필두로 네 명의 공주와 왕자가 있다.

벨기에 사상 첫 여왕의 탄생

필리프 국왕의 아버지인 전 국왕 알베르 2세는 생전에 왕위에서 물러났다. 정식으로 발표된 퇴위 이유는 고령 때문이라고 했으나 사생아 소동, 탈세의혹 등으로 국민의 지지를 잃었기 때문이라고도 한다. 2013년에는 알베르 2세의 숨겨진 자식이라고 주장하는 여성이 공소를 제기하기도 했었다.

알베르 2세는 정치적인 능력이 뛰어났다. 2010년 각 당의 연립정권 수립을 위한 협상이 난항을 겪으며 정권을 1년 넘게 발족시키지 못하는 상황이 계속되자 그 상황을 지켜보던 알베르 2세는 중개역할을 맡아 이를 타결시켰다.

벨기에에는 '언어 전쟁'이라 불리는 지역 분쟁이 있다. 북부에 네덜란드어를 쓰는 플랑드르인이, 남부에는 프랑스어를 쓰는 왈롱인이 그것이다. 알베르 2세는 양자의 우호와 협조를 얻기 위해 전력을 다했다. 참고로 벨기에의 공용어는 네덜란드어, 프랑스어, 독일어다.

벨기에는 원래 남계 남자에게만 왕위계승 자격을 인정했다. 하지만 남녀가 동등한 권리를 갖는다는 관점에서 벨기에 의회는 왕위를 장자에 상속하기로 결의하고 헌법을 수정했다. 따라서 필리프 국왕의 장자 엘리자베트 공주가 다음 왕위계승권자가 된다. 벨기에 국민은 차기 국왕으로 사상 최초의 여왕 탄생을 기대하고 있다.

벨기에의 독립

190년이 채 안 된 벨기에 왕실의 역사는 유럽에서는 여전히 새로운 편이다. 국호인 '벨기에'라는 이름도 18세기 무렵, 민족주의의 고양 속에서 새롭게 쓰이기 시작했다. 그때까지 벨기에인은 네덜란드와 마찬가지로 '네덜란드인'으로 통칭되었다. 네덜란드인도 아니고 프랑스인도 아닌 그들은 갈리아에 살던 게르만 일파 벨가이족의 이름을 따서 벨기에라고 부르기 시작했다.

중세의 옛 이름 플랑드르는 주로 벨기에를 가리키는 지역명이지만 프랑스 동북 지역도 포함된다. 벨기에인들은 이 옛 지명을 그리 마음에 들어하지 않았다.

원래 네덜란드는 북쪽의 홀란트와 남쪽의 벨기에를 가리키는 총칭이었다. 그런데 15세기 이후, 신성로마 제국령(독일)에 편입되었다가 신성로마 제국의 황제 카를 5세의 사후에는 스페인계 합스부르크가의 영토가 된다. 스페인 국왕 펠리페 2세 시대에는 무거운 세금을 지는 가혹한 지배를 받았다. 독실한 가톨릭 신자였던 펠리페 2세는 신교도가 많았던 네덜란드 북부(홀란트)를 탄압하는 한편, 가톨릭 교도가 많았던 남부 네덜란드(벨기에)를 회유했다.

북부 7주(홀란트)는 스페인 합스부르크가에 맞서 네덜란드 독립전쟁을 일으킨다. 반면에 남부 10주(벨기에)는 스페인 측에 굴복하여 19세기까지 합스부르크가의 지배를 받다가 1815년에 조인된 빈 의

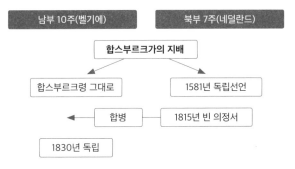

| 그림 10-1 | 네덜란드의 변천

```
┌─────────────────────┐      ┌─────────────────────┐
│  남부 10주(벨기에)    │      │  북부 7주(네덜란드)   │
└─────────────────────┘      └─────────────────────┘

              ┌─────────────────────┐
              │  합스부르크가의 지배   │
              └─────────────────────┘
                    ↙        ↘
┌─────────────────────┐      ┌─────────────────────┐
│  합스부르크령 그대로   │      │   1581년 독립선언     │
└─────────────────────┘      └─────────────────────┘

        ┌──────────┐   ┌─────────────────────┐
    ◀───│   합병    │───│   1815년 빈 의정서    │
        └──────────┘   └─────────────────────┘

┌──────────────┐
│  1830년 독립   │
└──────────────┘
```

정서에 의해 네덜란드 왕국에 병합된다.

네덜란드 왕국 빌럼 1세는 가톨릭 신자인 벨기에인을 차별·탄압했다. 가톨릭 교육을 받지 못하게 했으며 네덜란드어 교육을 강요했고 정부와 군의 요직은 네덜란드인이 독점했다.

1830년 벨기에인의 불만이 폭발하면서 독립 혁명이 일어난다. 브뤼셀을 중심으로 네덜란드군과의 격렬한 시가전이 계속되고 소수지만 벨기에의 혁명군이 우위에 선다. 이에 영국이 개입하여 네덜란드군의 퇴각을 압박하자 네덜란드는 결국 영국의 압력에 굴복했다.

벨기에에 대한 영국의 야심

영국이 벨기에를 두둔하자 네덜란드는 벨기에의 독립을 인정하는 수밖에 없었다. 독립 후, 영국은 영국 왕실과 친척관계에 있는 작센-

레오폴드 1세. 프란츠 빈터할터 그림, 1839년, 벨기에 왕실 소장. 벨기에 왕실의 시조. 레오폴드 1세도 영국 왕족(조지 4세의 딸)과 결혼했으나 얼마 후 사별한다. 후에 프랑스 왕족과 결혼했다.

코부르크-고타가의 레오폴드를 벨기에 국왕으로 추대했다. 1831년 레오폴드는 레오폴드 1세로 즉위한다.

작센-코부르크-고타가의 기원을 거슬러 올라가면 독일의 작센가라는 유명한 귀족 가문이 나온다. 작센-코부르크-고타가는 작센가에서 파생된 분가가 훗날 코부르크(독일 바이에른주 북부 도시)와 고타(튀링겐주의 군)를 영유하며 탄생한 것이다.

18세기에 이 가계 출신의 빅토리아라는 여성이 영국 왕실로 시집을 간다. 그리고 태어난 아이가 빅토리아 여왕이다. 또한 빅토리아 여왕의 남편도 이 가문 출신인 앨버트 공이

| 그림 10-2 | 빅토리아 여왕 가계도

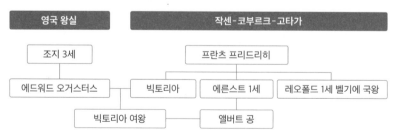

다. 그림 10-2처럼 영국 왕실은
작센-코부르크-고타가와 아주
가까운 친척관계에 있다.

영국은 자신들의 입김이 닿는
레오폴드 1세를 벨기에 국왕으로
추대함으로써 벨기에에 대한 영
향력을 확보하려 했다. 그렇게 보

▄▖ 벨기에 역대 국왕(벨지크가)

국왕	재위 기간
레오폴드 1세	1831~1865년
레오폴드 2세	1865~1909년
알베르 1세	1909~1934년
레오폴드 3세	1934~1951년
보두앵	1951~1993년
알베르 2세	1993~2013년
필리프	2013년~현재

면 벨기에 왕실은 영국에 의해 태어났다고 해도 과언이 아니다.

살펴본 바와 같이 벨기에 왕실은 작센-코부르크-고타 왕조였
다. 그런데 1920년 3대 국왕인 알베르 1세는 제1차 세계대전의 적국
이었던 독일에서 유래한 이 왕조 이름의 사용을 금지했다. 그리고
가문의 이름을 벨지크가로 변경하여 오늘날에 이른다.

┃독일의 일부였던 룩셈부르크

'베네룩스 3국'이라 불리는 나라들이 있다. 이는 벨기에, 네덜란
드, 룩셈부르크 세 나라 이름의 첫 글자를 따서 만든 말이다.

룩셈부르크는 인구 약 59만 명을 거느린 대공국이다. 공국이란
공작이 군주인 나라다. 공작은 귀족 중에서도 가장 격이 높아서 국
왕 다음가는 존재다. 참고로 공작을 정점으로 하는 귀족계급의 서열

은 왼쪽의 표를 참조하라.

▪️ 작위 서열

1. 공작(Duke, 듀크)
2. 후작(Marquess, 마퀴스)
3. 백작(Earl, 얼)
4. 자작(Viscount, 비스카운트)
5. 남작(Baron, 바론)
6. 준남작(Baronet, 바로네트)
7. 기사(Knight, 나이트)

( ) 안은 영어식 표기

룩셈부르크는 중세 이후, 신성로마 제국(독일)의 일부였다. 그래서인지 룩셈부르크인은 독일에 대한 귀속의식이 강하다. 룩셈부르크어도 독일어를 바탕으로 일부 프랑스어와 네덜란드어를 도입해 변형된 언어다.

룩셈부르크는 나폴레옹 실각 후 1815년에 열린 빈 회의에서 대공국으로 정식 인정을 받았다. 그리고 오라녀-나사우가의 네덜란드 국왕이 취임하면서 네덜란드와 동군연합이 되었다.

1830년 벨기에가 독립하면서 네덜란드 본토와 분단되지만 룩셈부르크 대공은 네덜란드 국왕이 겸임하는 상태가 계속된다.

3대째의 네덜란드 국왕 겸 룩셈부르크 대공이던 빌럼 3세(룩셈부르크어로 기욤 3세)가 1890년에 세상을 떠나자, 빌헬미나 공주가 네덜란드의 왕위를 잇는다. 하지만 룩셈부르크 대공 자리는 여성의 상속권이 인정되지 않아서 대공에는 오르지 못한다.

빌헬미나 여왕 대신 오라녀-나사우가의 왕족 아돌프가 룩셈부르크 대공에 즉위하며 네덜란드와의 동군연합에서 벗어난다. 사실상 룩셈부르크 대공국의 독립이었다. 이 독립으로 룩셈부르크의 초대 대공인 아돌프가 오늘날 룩셈부르크 대공의 시조가 되었고 그

자리가 계승되며 현재는 6대
대공 앙리에 이른다. 결과적
으로 룩셈부르크 대공의 가계
는 오라녀-나사우가에서 시
작된 셈이다.

남자 후계자가 없던 아돌프
의 아들 기욤 4세는 대공위에

❧ 역대 룩셈부르크 대공

대공	재위 기간
아돌프	1890~1905년
기욤 4세	1905~1912년
마리 아델라이드	1912~1919년
샤를로트	1919~1964년
장	1964~2000년
앙리	2000년~현재

여성이 후계자가 될 수 있도록 법을 개정하여 마리 아델라이드, 샤를
로트 자매가 대공위를 계승했다.

룩셈부르크는 입헌군주제지만 대공이 행정권을 집행할 수 있다.

7곳의 극소국가

유럽에는 룩셈부르크 대공국을 비롯하여 영토의 면적, 인구 등
규모가 작은 국가가 7곳 있다(그림 10-3 참조). 이들을 극소국가라 하
는데, 이 중에 공작이 다스리는 곳이 공국이고 로마 교황이 다스리는
곳이 바티칸 시국이다.

근대 국민국가는 그 형성 과정에서 제후의 봉토(작은 영토)를 흡
수·병합했는데, 거기에서 누락된 곳이 이들 극소국가다. 그리고 그
극소국가들은 오늘날에도 남아 있다.

| 그림 10-3 | 유럽의 극소국가

이러한 극소국가는 인구가 적어서 국민 1인당 GDP가 높은 편이다. 하지만 군비 등을 정비하는 예산은 없어서 다른 나라에 국방을 의존하는 경우가 많다. 가령 유사시에 리히텐슈타인 공국은 스위스에, 모나코 공국은 프랑스에, 안도라 공국은 프랑스와 스페인에, 바티칸 시국은 이탈리아에 각각 의존한다. 바티칸 시국의 경우 치안도 이탈리아 경찰이 담당한다.

또한 룩셈부르크 대공국과 리히텐슈타인 공국은 유럽에 사는 부유층을 대상으로 운영하는 프라이빗 뱅킹의 중심지이기도 하다. 독자적인 세금우대 조치와 정보 은닉성이라는 이점을 살려 거액의 자금을 모으고 있다.

살아남기 위한 왕실의 치열한 경쟁, 독일과 이탈리아

▌마키아벨리가 생각하는 이상적인 군주상

'민중이란 머리를 쓰다듬어 주거나, 없애버려야 하는 존재다'라고 말한 니콜로 마키아벨리. 그는 15~16세기 르네상스 시대를 대표하는 이탈리아의 사상가다. 마키아벨리는 자신의 책 『군주론』(『마키아벨리 군주론』, 니콜로 마키아벨리 지음, 신동준 옮김, 인간사랑, 2014년)에서 통치자에 관해 다음과 같이 술회한다.

"개인 사이에는 법률과 계약서와 협정이 신의를 지키는 데 도움이 된다. 하지만 권력자 사이에 신의를 지킬 수 있는 것은 힘밖에 없다."

때로 군주는 배신하고 모략을 짜고 도의에 반하는 짓도 서슴없이 해야 한다. 그렇지 않으면 상대에게 틈을 주고 동란을 초래하여 많은 사람들을 불행에 빠트린다고 마키아벨리는 주장했다. 이러한 마키아벨리의 냉엄한 현실에 입각한 정치론은 오늘날에 이르기까지 퇴색되지 않고 지배와 권력에 대한 진실을 우리에게 보여준다.

마키아벨리가 살던 시대에 이탈리아는 밀라노 공국, 피렌체 공화국, 베네치아 공화국, 로마 교황령, 나폴리 왕국 등 연방으로 분열되어 서로 반목하고 있었다.

마키아벨리는 당시 군웅이 할거하던 이탈리아 중에서도 체사레 보르자Cesare Borgia라는 인물에게서 이상적인 군주상을 발견한다. 체사레 보르자는 책모로 수많은 정적을 제거하여 사람들에게는 두려움의 대상이었다.

체사레의 아버지는 스페인의 시골 귀족이던 보르자가의 수장으로 성직자로 출세해 추기경이 되었다가 로마 교황의 자리에까지 오른 인물이다. 교황 알렉산데르 6세(214대 교황으로 재위 기간은 1492~1503년이다. - 옮긴이)라 불리는 그는 성격이 교활하고 잔인하여 최악의 교황으로 불리는 인물이다. 체사레는 그의 사생아다.

교황과 그의 아들 체사레는 정적을 제거하기 위해 칸타렐라Cantarella

니콜로 마키아벨리. 산티 디 티토 그림, 16세기 전반, 베키오 궁전 소장. 피렌체 공화국의 외교관으로 활약. 프랑스에 의해 피렌체 공화국이 붕괴되자 추방된 그는 은둔생활을 하는 동안 『군주론』을 완성했다(1513년).

존 콜리어의 <와인을 따르는 체사레 보르자>. 1893년, 콜체스터 미술관 소장. 오른쪽에 법의를 걸친 인물이 알렉산데르 6세, 왼쪽 끄트머리에서 와인을 따르는 사람이 체사레다. 중앙에 있는 여성이 체사레의 누이 루크레치아. 루크레치아는 미모의 소유자로 아버지에 의해 여러 번 정략결혼을 했다.

라는 독약을 사용했다고 한다. 이것은 보르자가의 정적에 대한 숙청이 워낙에 잔인해서 만들어진 소문으로 여겨지지만 진위 여부는 알수 없다.

환상의 통일교황국

체사레 보르자는 이탈리아를 통일하겠다는 야망을 품고 아버지인 교황 알렉산데르 6세의 지원을 받아 군대를 이끌고 이탈리아 북부 도시로 침공하여 차례로 공략해간다. 과거 적이었던 프랑스와도 손을 잡았다. 이탈리아를 통일하기 위해 돌진하는 체사레의 대국관과 그의 전술·전략의 교묘함을 마키아벨리는 입이 마르게 칭찬했다. 마키아벨리는『군주론』에서 다음과 같이 말했다.

"사람들은 체사레 보르자를 냉혹하고 잔인하다고 생각하겠지만, 그 냉혹함이 로마냐에 질서와 평화, 충성을 가져다주었다."

마키아벨리만이 아니라 그 유명한 레오나르도 다빈치도 체사레의 재능을 인정했다. 1502년, 레오나르도는 군사기술자로서 짧은 시간 체사레 밑에 있었다. 이때 레오나르도는 쉰 살, 체사레는 스물일곱 살이었다. 레오나르도는 책성 등의 토목기술을 지도하고 지도를 제작하며 체사레를 도왔다.

로마 북동부에 있는 이몰라는 여걸로 유명한 카테리나 스포르차의 소유였는데, 밀라노의 귀족 스포르차가의 분가 가계였던 카테리나는 보르자가와 대립했다. 1499년 체사레는 이몰라를 점령했다. 체사레는 이곳을 본거지로 하는 요새 건축을 계획하고 레오나르도는 이 계획을 위해 이몰라 지도를 아주 상세하게 그렸다.

1503년 교황 알렉산데르 6세

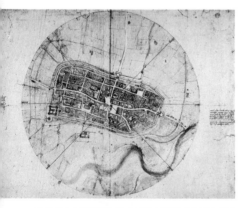

레오나르도 다빈치가 그린 이몰라(이탈리아 북부 에밀리아로마냐주에 있는 도시 - 옮긴이) 지도

가 갑작스레 사망했다. 그의 유해는 관에 들어가지 않을 정도로 부어 있어서 독살을 의심하는 사람도 있다. 교황의 후광을 잃은 체사레는 급속도로 세력을 잃어갔다. 그리고 아버지와 적대관계에 있던 율리우스 2세가 새로운 교황으로 선출되자 곧바로 체포된다. 이후 도피생활을 하다 실의에 빠져 세상을 떠났다. 삼십대 초반의 젊은 나이였다.

16세기는 체사레를 위시한 교황 세력이 스페인과 프랑스 등 강대한 왕국에 맞설 이탈리아의 '통일교황국'을 완성해도 전혀 이상하지 않은 시대였다. 체사레가 죽은 후, 이탈리아의 모든 연방은 대립으로 치달으며 혼란과 분열을 더해갔다.

강대한 프로이센 왕국

중세 이래, 독일도 이탈리아와 마찬가지로 통일되지 않고 뿔뿔이 흩어진 상태였다. 프로이센, 바이에른, 작센, 하노버 등의 모든 세력이 각지에서 군웅 할거했다.

17세기 이후, 독일에서는 강한 세력을 자랑하던 합스부르크가를 대신해 호엔촐레른가의 프로이센이 대두하게 된다. 프로이센은 독일 동북부에서 일어나 착실하게 군사력을 증강시키며 발전했다. 프로이센은 독일, 러시아, 북유럽에 둘러싸인 발트해 교역권에 위치하여 교통의 요충지로 번영을 누리며 다른 독일 지역보다 두각을 나타냈다. 프로이센은 원래 농업국으로 주로 네덜란드와 영국에 곡물을 수출하던 나라였다.

대항해 시대 이후인 17세기 유럽 내륙에도 화폐경제가 침투하면서 해안 지역의 경제성장이 내륙 지역에도 영향을 미쳤다. 이에 따라 프로이센의 수도 베를린을 중심으로 각지의 도시가 번성하여 발전했다.

1701년 왕국(호엔촐레른 왕조)이 된 프로이센은 프리드리히 빌헬름

| 그림 11-1 | 통일 전의 독일

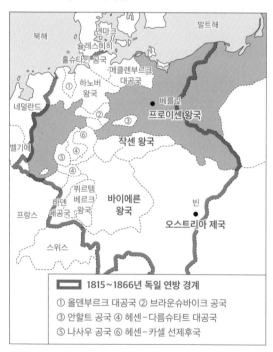

1세 시대에 군비를 증강했고, 아들 프리드리히 2세(프리드리히 대왕) 시대에 약진했다.

이렇게 해서 독일 북부의 새로운 세력 프로이센과 남부의 합스부르크·오스트리아가 대립한다. 그리고 프로이센의 프리드리히 2세와 오스트리아의 여제 마리아 테레지아는 독일의 패권을 둘러싸고 1740년과 1756년 두 번에 걸쳐 전쟁을 벌인다. 이 전쟁은 영국과 프랑스를 끌어들인 복잡한 국제전 양상으로 번지다가 결국에는 프로이센이 오스트리아에 승리한다.

프로이센의 세력은 그 후에도 점점 강해져서 19세기 후반에는 프로이센의 주도로 독일의 통일을 달성한다. 이후 프리드리히 2세는 메마른 토지에서도 잘 자라는 감자를 조직적으로 재배하도록 장려했다. 하지만 민중이 감자를 먹으려 하지 않아 스스로 매일 감자를 먹으며 모범을 보였다고 한다. 감자 생산이 늘면서 독일의 식량공급이 개선되자 감자는 독일의 주식이 되었다.

프리드리히 2세. 안톤 그라프 그림, 1781년, 상수시궁 소장. 자식이 없었던 그는 평생 그레이하운드 11마리를 자식처럼 키웠다. 애견들의 묘지에 자신의 유해를 묻어달라는 유언을 남겼으나 교회에 묻혔다가, 1991년 독일이 통일된 후에야 비로소 유언대로 궁전의 동쪽 끝에 있는 애견 11마리의 묘지에 함께 묻혔다.

왜 '독일 왕국'이 아니라 '독일 제국'인가

프로이센은 독일 동북부의 메마른 지역을 영토로 갖고 있었다. 하지만 융커Junker(프로이센과 동부 독일의 지주계층 – 옮긴이)라 불리는 대지주들이 대규모 농장을 경영하며 프랑스와 러시아 같은 비옥한 농업국에 맞섰다.

부유한 융커들 중에는 상공업 경영으로 전환하여 부르주아가 된 사람들도 많았다. 프리드리히 2세의 치세 후반인 18세기 말에는 지주층의 대부분이 상공업 경영의 투자에 관여했다. 당시 프로이센의 산업으로는 도자기, 무기·탄약의 생산, 탄광·철광 등의 광공업이 번성했다.

19세기에 이르러 이러한 프로이센의 산업은 영국에서 발명된 증기기관력과 제철법을 도입해 생산의 기계화와 공장의 대규모화를 추진한다. 이 시대에는 발명 등에 특허라는 개념이 없어서 나쁘게 말하면 도용이 자유로웠다. 그리고 영국의 발명을 가장 열심히 도용한 것이 프로이센의 기술자들이었다. 이들은 여기에 독자적인 기술을 더하여 공장설비를 진화시켰다.

대지주인 융커를 중심으로 근대공업화를 위한 개발설비가 가속화되었고, 1830년대에는 프로이센의 산업혁명이 본격화되며 그 파도가 프로이센 주변의 작센, 하노버 등에도 영향을 미쳤다. 1834년에는 독일 연방 사이에 관세동맹이 체결되면서 물류의 장벽이 허물

어지고 경제적 통일이 이루어졌다.

19세기 후반에는 경제적 통일에 더하여 정치적 통일이 추진되었다. 그 추진력에 큰 역할을 한 인물이 프로이센의 재상 오토 폰 비스마르크(임기 1862~1890년)다. 비스마르크는 독일을 제국화하고 독일 황제란 이름하에 소왕국과 소연방을 통일하고자 했다. 그리고 통일(사실상의 병합)을 거부하던 연방 세력과는 무력(철과 피)을 앞세워 전쟁을 벌이는 '철혈정책'을 실시했다.

1871년, 마침내 독일 제국(호엔촐레른 왕조)이 세워지고 프로이센의 왕 빌헬름 1세가 독일 황제로 즉위한다.

원래 독일의 전신은 962년에 오토

오토 폰 비스마르크. 프란츠 폰 렌바흐 그림, 1884년, 베를린 구 국립미술관 소장. 연합의회 의원으로 독일 통일을 군사력으로 수행해야 한다는 신념을 갖고 있었다. 프로이센 군부가 비스마르크 의원을 재상으로 추천. 군부가 강대해지는 걸 두려워한 의회는 비스마르크를 경계했으나 비스마르크는 타고난 끈기로 협상에 임해 의회의 신임을 얻었다.

1세가 건국한 신성로마 제국이었다. 따라서 독일의 통치자는 황제여야 한다는 전제가 있었다. 15세기 이래, 신성로마 제국의 황제 자리는 합스부르크가에 세습되었으나 19세기에 들어서면서 합스부르크가(본거지는 오스트리아)도 쇠퇴하여 독일에 개입할 힘이 없었다. 그에 따라 구 세력인 합스부르크가에서 황제를 내놓지 못하고 새로이 프로이센의 왕이 황제가 된 것이다.

독일 제국을 움직인 새로운 지배층

독일 통일의 추진력이 된 세력은 부르주아가 된 융커(대지주)들이었다. 비스마르크도 융커 출신이었다.

그들은 원래 보수적이고 귀족에 가까운 입장이었으나 실제 귀족은 아니었다. 비스마르크는 융커들의 기득권을 보호하면서 근대적 통일 국가를 만들고자 했다. 그래서 생각해낸 것이 입헌군주제였다.

독일 제국 헌법이 제정되고 입헌군주제가 확립되자 융커들은 의회의 의원이 되었고 비스마르크와 같은 재상이 융커의 입장을 대변했다. 부유층을 형성한 융커들이 가장 위험하게 여긴 것은 공화제였다.

독일 공업화의 진전으로 노동자 하층 민중은 노동 운동과 사회주의 운동을 활발하게 펼쳤다. 1878년 비스마르크는 사회주의자 진압법을 제정하고 그들을 철저히 탄압했다. 하지만 한편으로는 질병·재해 등의 사회보험제도를 실시하여 노동자를 회유하는 등 '당근과 채찍 정책'을 펼쳤다.

융커 지배층은 하층 민중뿐만 아니라 가톨릭 성직자와 귀족 등의 보수층까지 자신들의 지위를 위협하는 존재라며 적대시했다. 비스마르크는 '문화투쟁'(19세기의 프로이센과 독일의 다른 지역에서 발생했던 국가와 가톨릭 교회 사이의 갈등과 대결을 가리킨다. ―옮긴이)을 벌이며 성직자와 귀족에 대한 탄압을 강화했다.

이렇게 독일의 제정은 융커들의 권익 위에서 구축되었고 그것을 지키기 위해 우파(귀족)·좌파(하층 민중)를 배제하는 절묘한 위치에서 입헌군주제가 운영되었다.

이탈리아 통일을 위해 토지를 내놓은 사보이아가

이탈리아도 독일과 마찬가지로 19세기 중반이 되어서야 겨우 통일의 움직임이 일어나기 시작했다. 이탈리아 북서부의 사르데냐 왕국은 지리적으로 프랑스에 인접해 프랑스의 근대화, 공업화의 영향을 직접 받아 다른 이탈리아 지역보다 일찍이 공업화가 진행되고 발전했다. 그래서 이탈리아 통일을 추진하는 데 앞장서게 된다.

독일 프로이센의 재상 비스마르크와 같은 입장에 있던 인물이 이탈리아의 사르데냐 재상 카밀로 벤소 카보우르(재임 1852~1861년)였다. 당시 사르데냐 왕국을 비롯한 북부 이탈리아는 오스트리아(합스부르크가)의 지배를 받고 있었다. 사르데냐가 이탈리아를 통일하기 위해서는 오스트리아를 물리치지 않으면 안 되었다.

카보우르는 프랑스에 접근하여 나폴레옹 3세와 플롱비에르 밀약을 체결한다. 나폴레옹 3세에게 지원받는 대신, 오스트리아와 전쟁하여 승리하는 날 프랑스와 이탈리아의 국경에 있는 사보이아와 니스를 넘겨주겠다는 내용이었다.

이 밀약이 밖으로 새어나가게 되면 사보이아와 니스 주민들의 손

| 그림 11-2 | 통일 전의 이탈리아

에 사르데냐 왕국이 붕괴될 위험도 있었다. 만약 그렇게 되면 카보우르의 목숨도 무사하지 못했을 것이다. 영토의 일부를 외국에 양도하다니 매국노로 낙인 찍혀 단죄될 수도 있었다. 카보우르는 그러한 위험을 감수하고 나폴레옹 3세와 밀약을 체결했다.

카보우르는 이탈리아 통일이라는 큰 성과를 내기 위해 다소의 희생을 감수할 수밖에 없다고 생각했다. 정치가 카보우르의 제 몸을 깎는 희생적 결단이었다. 또한 나폴레옹 3세의 성격을 잘 알았던 카보우르는 사보이아와 니스의 영토 할양이 반드시 나폴레옹 3세의 야심을 움직여 그의 지원을 얻어낼 수 있으리라 계산했다.

사르데냐 왕국의 영토는 원래 사보이아였다. 따라서 사르데냐 왕국의 가문 이름이 사보이아다. 국왕 비토리오 에마누엘레 2세는 이탈리아의 통일을 위해 조부에게 물려받은 토지를 내놓기로 결단을 내렸다.

1859년 이탈리아 통일 전쟁이 발발하자, 사르데냐는 프랑스의 지원을 받아 오스트리아를 무찌르고 중부 이

카밀로 벤소 카보우르. 프란체스코 하예즈 그림, 1864년, 브레라 미술관 소장. 지주 출신으로 와인을 제조하는 농장을 경영하면서 금융업과 철도건설업에 투자하여 성공했다. 국회의원이 된 후 두각을 나타내며 수상의 자리에까지 올랐다. 근대산업의 육성, 군대의 근대화를 추진했고, 정치, 관료기구 개혁 등의 온갖 구조개혁을 이끌었다.

탈리아에 군대를 보내 이곳을 병합한다. 이 무렵 남부에서는 의용군을 이끌던 애국주의자 가리발디가 시칠리아섬, 나폴리 왕국을 점령하고 사르데냐 국왕 에마누엘레 2세에 헌상한다.

그리고 1861년, 이들 남부 지역을 병합하여 이탈리아 왕국(사보이아 왕조)을 세우고 에마누엘레 2세가 이탈리아의 왕으로 즉위한다. 이탈리아 왕국도 입헌군주제를 표방하였으며, 독일과 마찬가지로 지주

와 부르주아를 위시한 부유층이 중심이 되어 국가의 기반을 다진다.

이탈리아 왕국이 출범하고 3개월 후, 카보우르는 안타깝게도 말라리아에 걸려 세상을 떠났다.

호엔촐레른가와 사보이아가의 최후

독일 제국(호엔촐레른 왕조)과 이탈리아 왕국(사보이아 왕조)은 19세기 중반에 생긴 신흥국이다. 그래서 해외 식민지 획득 경쟁에도 영국과 프랑스보다 한발 늦게 진입했다. 그 치열한 경쟁에서 이기기 위해 독일과 이탈리아는 영국과 마찰을 일으켰다.

특히 독일 제국의 3대 황제 빌헬름 2세는 '세계정책Weltpolitik'(한 국가의 권력·경제·문화적 정책을 지구적 규모로까지 확장하려는 대외 팽창정책 — 옮긴이)이라는 노골적인 확장주의를 내세우다 영국의 반발을 산다. 그리고 급기야 제1차 세계대전이 발발한다.

하지만 1918년 전쟁에서 패한 독일에서는 공산주의자로 인해 독일 혁명이 일어나고 제정이 붕괴된다. 이 일로 빌헬름 2세는 네덜란드로 망명하고 독일 제국은 빌헬름 2세까지 3대 48년밖에 지속되지 못했다.

후에 독일은 바이마르 공화국을 거쳐 나치 시대를 맞이했다. 나치는 신성로마 제국을 제1제국, 독일 제국을 제2제국, 스스로를 독일

참모본부에서 군사회의를 하는 빌헬름 2세(중앙), 사령관 파울 폰 힌덴부르크(왼쪽), 참모장 에리히 루덴도르프(오른쪽), 1917년.

제3제국이라 칭했다.

한편 이탈리아는 제1차 세계대전에서 최초로 독일 측에 가담했으나 형세가 불리해지자 영국 측으로 돌아섰다. 덕분에 이탈리아 왕국은 이후에도 존속하게 된다.

이탈리아 왕국의 3대 왕인 비토리오 에마누엘레 3세는 1900년부터 1946년까지 46년간이나 재위했다. 그는 당시 자유주의적 사고를 갖고 의회와도 협조했으나, 제1차 세계대전 후 각지에서 노동자의 폭동과 파업이 발생하자 차츰 태도를 바꾸기 시작했다.

이러한 상황에서 군인과 귀족으로 구성된 국수주의 정당 파시스트당이 새롭게 등장한다. 에마누엘레 3세는 파시스트당의 지도자 베니토 무솔리니에 깊이 공감하여 1922년 무솔리니가 쿠데타(로마 진군)를 일으키자 그를 전면적으로 지원했다. 그리고 머지않아 파시스트당의 독재 정권이 발족한다.

제2차 세계대전에서 이탈리아가 패배하자, 에마누엘레 3세는 남부 브린디시로 도망친다. 이 행동이 전 국민의 분노를 사서 전후 군주제의 시비를 묻는 국민투표가 실시되었고, 군주제 폐지가 과반수를 넘으며 이탈리아 왕국은 막을 내린다. 이후 사보이아 왕실은 이집트로 망명했고, 이탈리아는 공화국이 되어 오늘날에 이른다.

비스마르크와 카보우르같이 걸출한 영웅이 세운 제국과 왕국은 결국 오래 가지 못했다.

제 5 장

북유럽과 동유럽의 왕실

12

뜻밖의 인물이 왕실의 시조,
북유럽 왕실의 뿌리

▌전란을 틈탄 스웨덴 왕실의 시조 베르나도트

스웨덴 왕실은 세계의 왕실 중에서도 혈통의 정통성이 가장 빈약한 왕실이다. 스웨덴 왕실은 베르나도테 왕조, 프랑스어로 읽으면 베르나도트다.

베르나도트는 프랑스에서 유래한 이름으로 나폴레옹군의 지휘관이었으나 자신의 지위를 지키기 위해 끝내는 나폴레옹을 배신한다. 베르나도트는 현 스웨덴 왕실의 시조가 되는 인물이다.

스웨덴인은 자신들이 나서서 이러한 인물을 스웨덴의 왕으로 추대했는데, 그 이유는 대체 뭘까?

베르나도트는 변호사의 아들로 태어나 법률을 공부하고, 1780년 프랑스 육군에 입대한다. 1789년 프랑스 혁명 후, 많은 군인들이 왕

립군에 등을 돌리고 시민군 측에 협조
했으나 베르나도트는 왕립군에 남아
인재난 속에 장군에 임명된다.

하지만 1793년 루이 16세가 처형
되고 부르봉 왕조가 쓰러지자 항복하
고 시민군에 가담한다.

그렇게 나폴레옹과 척을 졌으나 그
가 황제로 즉위하자 태도를 바꿔 나폴
레옹 편에 붙는다. 그 대가로 하급장
교로 임명되고 나폴레옹 전쟁에서 활
약하지만 나폴레옹과의 관계는 원만
하지 않았다. 두 사람은 서로가 서로
를 믿지 못하고 의심암귀에 빠졌다.

스웨덴인들은 나폴레옹의 기세에
두려움을 느끼고 나폴레옹과의 연대

장 바티스트 베르나도트(칼 14세 요한). 프레드
리크 웨스틴 그림, 1810년대, 스웨덴 국립미술관
소장. 스웨덴 베르나도트 왕조의 시조. 노왕 카를
13세를 대신하여 섭정 왕세자가 되었다가, 1818
년 칼 13세가 세상을 떠나자 스웨덴-노르웨이 연
합 왕국의 왕 칼 14세 요한으로 왕위에 올랐다.

를 꾀한다. 1810년 스웨덴 의회는 베르나도트를 스웨덴의 왕위계승
자로 지명했다. 스웨덴 의회가 나폴레옹의 친척이 아니라 굳이 베르
나도트를 지명한 이유는 나폴레옹과 반목했던 그가 다루기 더 쉬우
리라 생각했기 때문이다. 군인으로서의 능력도 기대했다.

당시 스웨덴은 러시아 제국의 공격을 받고 핀란드를 빼앗긴 상태
였다. 상황이 이러하다 보니 러시아와 대항하기 위해서라도 베르나

도트가 적임이라고 생각했던 것이다(핀란드는 1917년 러시아 혁명의 혼란을 틈타 공화국으로 독립했다).

운명을 가른 두 사람, 베르나도트와 뮈라

하지만 베르나도트는 스웨덴의 왕이라 내세울 만한 혈통의 정통성이란 것이 없었다. 그런데도 스웨덴 의회는 정치적 사정과 불순한 동기로 그에게 왕위를 넘겨주었다. 자신들의 기득권을 유지하고 보호하는 데 급급했던 스웨덴 지배계층의 자기 보신의 결과라고 할 수 있겠다.

나폴레옹군의 지휘관으로 나폴리의 왕이 된 조아생 뮈라도 베르나도트와 비슷한 상황이었다. 여러 직업을 전전하면서 방랑생활을 하던 뮈라는 나폴레옹군에 지원하여 나폴레옹의 이탈리아 원정과 이집트 원정에 참전한다. 무예의 달인이었던 그는 나폴레옹의 눈에 띄어 총애를 받으며 출세했다.

그리고 나폴레옹의 누이 카롤린과 결혼하여 1808년 이탈리아의 나폴리 왕위를 받고 조아키노 1세가 된다.

1812년 나폴레옹이 러시아 원정에 실패하자 베르나도트와 뮈라는 누가 먼저랄 것도 없이 손바닥을 뒤집듯 나폴레옹을 배신한다. 자신들의 왕국을 지키기 위해 적국인 영국, 오스트리아와 손을 잡았다. 나폴레옹의 주변에는 이런 인물들밖에 없었다.

영리했던 베르나도트는 빈 회의에 참석하기 전에 미리 유럽 제국에 사전공작을 해 스웨덴의 왕으로 인정받았다. 하지만 우유부단했던 뮈라는 나폴레옹 몰락 후 나폴리 왕국의 왕위를 유지하기 위해 오스트리아와 싸우다 대패하고 프랑스로 도망치듯 돌아오지만 결국 체포되어 처형당했다.

조아생 뮈라(조아키노 1세). 프랑수아 제라르 그림, 1812년경, 개인 소장. 조아생 뮈라는 나폴리 왕국의 왕위에 오르며 단번에 출세했다. 나폴레옹은 뮈라에 대해 "그는 전장에서는 용감하지만 회의석상에서는 판단력도 결단력도 없는 쓸모없는 남자다. 용맹한 모습과 반대로 그의 지성은 너무나도 빈약했다"고 평가했다.

스웨덴의 스칸디나비아반도 통일

베르나도트는 영국과 협조하여 나폴레옹군과의 전쟁을 앞두고 당시 프랑스의 동맹국이었던 덴마크령의 노르웨이를 병합하기로 하고 사전에 영국과 러시아로부터 이를 승인받는다.

1813년, 베르나도트는 라이프치히 전쟁에서 나폴레옹군을 격파하고 덴마크를 제압하여 노르웨이를 빼앗는다. 스웨덴과 노르웨이는 동군연합이 되고, 그렇게 스칸디나비아반도는 통일된다(노르웨이

▪ 스웨덴 역대 국왕(베르나도트 왕조)

국왕	재위 기간
칼 14세 요한(베르나도트)	1818~1844년
오스카르 1세	1844~1859년
칼 15세	1859~1872년
오스카르 2세	1872~1907년
구스타프 5세	1907~1950년
구스타프 6세 아돌프	1950~1973년
칼 16세 구스타프	1973년~현재

는 1905년에 독립한다). 이후 베르나도트는 유럽 대륙의 어떠한 분쟁에
도 관여하지 않는 중립국을 국시로 하고 근대화에 매진하여 왕조 발
전의 기초를 닦는다.

그럼 이쯤에서 베르나도트 왕조 이전의 스웨덴 왕조에 대해서도
잠시 살펴보자. 노르만인 바이킹을 시조로 하는 스웨덴인은 1397년
덴마크, 노르웨이와 동군연합(칼마르 동맹)을 맺었다. 1523년 칼마르
동맹에서 이탈하여 스웨덴 귀족이 창시한 바사 왕조가 독자적으로
성립됐는데, 30년 전쟁에서 활약하여 '북방의 사자'로 불리던 구스타
프 아돌프(구스타프 2세 아돌프 - 옮긴이)도 이 왕조 시대의 왕이다.

17세기 중반 이후, 혼인을 통해 독일 귀족 출신의 왕조가 계속되
다가 19세기에 베르나도트(칼 14세 요한)를 시조로 하는 베르나도트
왕조가 문을 연다. 현재 스웨덴 왕 칼 16세 구스타프는 베르나도트
로부터 시작해서 7대째다.

스웨덴 역사상 최초의 여왕 탄생에 대한 기대

칼 16세 구스타프 국왕은 웁살라대학과 스톡홀름대학에서 역사학, 사회학, 정치학, 세법을 배운 학식이 풍부한 인물이지만 난독증(발달성 읽기 쓰기 장애)을 앓고 있다. 1997년 실비아 왕비는 텔레비전 방송 인터뷰에서 국왕의 난독증을 인정하고 공주와 왕자들에게도 가벼운 증상이 있다고 털어놓았다.

2010년에는 칼 16세 구스타프의 불륜 등 스캔들이 보도되었다. 국왕이 이 스캔들을 반사회 세력을 이용해 덮으려다 소동이 커져 퇴위를 요구하는 목소리도 적지 않았다.

1975년 스웨덴 헌법이 개정됨에 따라 국왕은 모든 정치 권력을 내려놓고 의례적 국가 원수가 되었다. 또 1980년에는 스웨덴 왕위계승법의 개정으로 그때까지의 남자 계승에서 장자상속제로 바뀌면서 장녀 빅토리아 공주가 왕위계승권자가 되었다. 스웨덴 국민 역시 역사상 최초의 여왕 탄생을 기대하고 있다.

재색을 겸비한 여왕 마르그레테 2세

덴마크의 현재 국왕 마르그레테 2세는 국민에게 절대적인 지지를 얻고 있다. 신장이 180센티미터나 되고 젊은 시절에는 유럽에서 가장 아름다운 왕족이라는 평판이 돌았다. 어학에 능통하여 영어, 프랑스어, 스웨덴어, 독일어를 하고 자신이 디자인한 화려한 옷을 지적으로 소화하며 기품 넘치는 몸짓으로 세계의 주목을 받았다.

마르그레테 2세는 매년 연말 텔레비전 연설을 하는데 국민 대부분이 그 방송을 시청하는 것이 덴마크의 연말 연례행사가 되었다.

덴마크의 왕위계승은 남자 우선이었으나, 1953년 헌법과 왕위계승법의 개정으로 남자 계승자가 없는 경우에 한해서만 여자에게도 왕위계승권을 인정하게 되었다. 그리고 이 법에 따라 장자인 마르그레테가 왕위계승자가 되었다. 1972년 부왕의 죽음과 함께 마르그레테는 덴마크 첫 여왕이 되었다.

| 그림 12-1 | 북유럽과 그 주변

마르그레테 2세는 코펜하겐대학에서 철학, 케임브리지대학에서 역사학, 오르후스대학에서 정치학, 소르본대학에서 법률학을 공부한 수재다.

1967년, 프랑스의 백작 가문 출신으로 외교관인 앙리 드 라보르드 몽페자와 결혼해 슬하에 프레데리크 왕세자와 요아킴 왕자 두 아들을 두었다.

덴마크 왕조의 뿌리는 독일

현재 덴마크 왕실은 글뤽스부르그 왕조다. 독일 북부의 슐레스비히-홀슈타인주에 있는 군으로 글뤽스부르그가는 이곳에 영지가 있던 독일 귀족 가계다. 덴마크 왕가와 혼인관계에 있던 글뤽스부르그가는 19세기에 글뤽스부르그가의 크리스티안 9세가 덴마크 왕위를 계승했다.

크리스티안 9세가 덴마크의 왕위에 오른 직후 프로이센(비스마르크 시대)의 공격을 받아 글뤽스부르그가는 슐레스비히-홀슈타인주의 영지를 프로이센에 넘겨주었다.

현재 마르그레테 2세는 크리스티안 9세부터 시작해서 5대째다.

그러면 다음으로 넘어가기 전에 굴룩스부르그 왕조 이전의 덴마크 왕조에 대해서도 간단히 설명해두겠다.

국왕	재위 기간
크리스티안 9세	1863~1906년
프레데리크 8세	1906~1912년
크리스티안 10세	1912~1947년
프레데리크 9세	1947~1972년
마르그레테 2세	1972년~현재

덴마크에는 원래 노르만인의 일파인 덴인이 있었다. 덴인의 왕이 10세기에 건설한 왕국이 11세기에 덴마크의 첫 통일 왕국인 에스트리센 왕조로 발전한다.

1397년, 덴마크는 노르웨이, 스웨덴의 북유럽 3국을 동군연합화(칼마르 동맹)하고, 이 3국에 유명한 마르그레테 1세가 군림했다.

그 후 혼인관계에 있던 독일 귀족 글룩스부르그 왕조가 덴마크의 왕위를 대대로 세습하며 오늘에 이른다.

참고로 글룩스부르그가는 혼인을 통한 상속으로 1863년부터 1973년까지 110년간 그리스 왕국의 왕위도 승계했다.

│ 덴마크 왕실의 혈통을 이은 노르웨이 왕실

스웨덴은 1523년 칼마르 동맹(1397년 성립된 덴마크, 스웨덴, 노르웨이 3국의 국가연합 – 옮긴이)을 깨고 덴마크에서 독립(바사 왕조)했으나 노르웨이는 그 후에도 덴마크의 지배를 받았다. 1814년 베르나도트가 나폴레옹 전쟁의 혼란을 틈타 덴마크에서 노르웨이를 빼앗아 지배한다. 하지만 노르웨이는 1905년 연합정권을 해체하고 독립한다.

1890년대에는 노르웨이인의 애국주의가 고양되면서 스웨덴과의 대립이 격렬해졌다. 노르웨이에서 국민투표가 실시되었고, 그 결과 압도적인 다수가 독립을 지지했다. 군사적 충돌의 위기가 높아지는 가운데, 스웨덴 국왕 오스카르 2세는 1905년 노르웨이의 분리독립을 인정했다.

오스카르 2세는 진보적인 국왕으로 자유주의에 대한 이해도가 높았다. 1901년에는 노벨이 주도하는 노벨상 설립을 지원하고 수상식을 스웨덴 왕실의 의식으로 만들었다. 오스카르 2세가 스웨덴 왕이 아니었다면 노르웨이의 분리독립은커녕 전쟁이 일어날 가능성만 높아졌을 것이다.

스웨덴의 베르나도트가가 노르웨이의 왕위계승권을 포기하면서 덴마크의 왕 크리스티안 9세의 손자 카를이 호콘 7세로 즉위했다. 따라서 노르웨이 왕실은 덴마크 왕실과 같은 글룩스부르그 왕조를 뿌리로 한다. 노르웨이 글룩스부르그 왕조의 현재 국왕은 3대 국왕인 하랄 5세다.

하랄 5세는 노르웨이 육군사관학교와 오슬로대학, 옥스퍼드대학에서 공부했고, 요트 선수로 1964년 도쿄올림픽 등 국제대회에도 세 번이나 출전했다. 1968년에는 일반 시민인 소냐 하랄센과 결혼해 슬하에 마르타 루이스 공주와 호콘 왕세자를 두었다. 노르웨이의 왕위계승은 남자 우선이다.

2016년 9월, 유럽에서 이민문제가 심각해지자 우익 여당이 이민자 수용과 난민신청을 엄격하게 제한하여 국민의 지지를 받았다. 그러한 상황에서 하랄 5세는 다음과 같이 연설했다.

"내 조부모는 110년 전 덴마크와 영국에서 온 이민자입니다. 우리가 고향이라 부르는 곳은 우리들 마음속에 있지 국경에 있다고 볼 수 없습니다."

국왕의 이 연설은 국내외의 찬사를 받았다.

러시아에서 물려받은
황제전제주의의 DNA

푸틴이 경애하는 알렉산드르 3세

"러시아에는 친구가 없다. 있는 것이라곤 두 명의 동맹자뿐. 바로 러시아의 육군과 해군이다."

19세기 말 러시아 황제(차르) 알렉산드르 3세의 말이다. 푸틴 대통령은 알렉산드르 3세를 찬양하며 크림에 황제 동상을 건립하고 그 아래 동판에 이 말을 새겨 넣었다.

알렉산드르 3세는 러시아 황제 중에서도 결코 유명한 편은 아니다. 알렉산드르 3세의 아버지 알렉산드르 2세는 농노해방령을 발표한 황제로 유명하지만 그 아들은 그렇지 않았다.

하지만 러시아인 보수파에게, 특히 지금의 푸틴 대통령처럼 '러시아 제국의 영광을 되찾겠노라'는 신념을 가진 정치가에게 알렉산드르

3세는 성인과도 같은 존재다.

　알렉산드르 3세는 조부 니콜라이 1세를 존경했다. 니콜라이 1세는 흑해에 툭 튀어나온 크림반도를 요새화하고, 이곳을 거점으로 러시아 해군을 흑해에 파견했다. 그 덕에 러시아는 흑해에서 발칸반도에 큰 영향력을 행사할 수 있었다. 니콜라이 1세는 해군을 흑해에서 지중해로, 나아가 대서양에서 인도양으로 진출시키기 위한 세계전략(남하정책)을 그렸다.

　영국은 이에 반발했다. 인도를 식민지로 삼았던 영국으로서는 러시아 해군의 진출이 간과할 수 없는 큰 위협이었다. 영국은 프랑스와 함께 러시아를 봉쇄하기 위해 크림 공격에 나섰다. 이렇게 해서

| 그림 13-1 | 러시아 제국의 남하정책

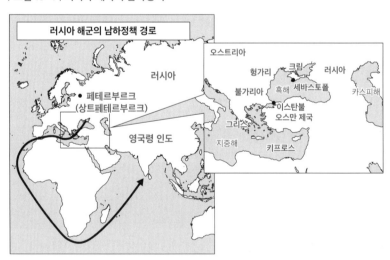

크림 전쟁(1853~1856년)이 발발한다. 이 전쟁에서 패배한 니콜라이 1세는 그 충격으로 사망했다.

크림 전쟁을 종결시킨 이는 제위를 물려받은 니콜라이 1세의 아들 알렉산드르 2세였다. 알렉산드르 2세는 평화주의자이자 자유주의적 사상을 가진 사람이었다. 그런데 그의 아들 알렉산드르 3세는 아버지의 '리버럴liveral(자유주의적)'한 태도를 못마땅하게 여겨 부자는 자주 충돌했다.

현대판 러시아 황제 푸틴의 야망

알렉산드르 3세는 원통하게 죽은 조부 니콜라이 1세의 복수를 위해 집념을 불태웠다. 알렉산드르 3세는 온화하고 얌전한 성격이었으나 그 내면에는 강한 야심을 간직하고 있었다. 이러한 생각을 갖고 있던 알렉산드르 3세는 황태자 시절 자원하여 러시아 – 터키 전쟁에 참전해 오스만 제국을 공격한다. 그리고 이스탄불까지 진격하여 1878년 승리로 이끌었다.

알렉산드르 3세는 군사력의 증강이야말로 러시아 제국에 가장 시급한 일이며, 그러기 위해서는 조부 니콜라이 1세가 했던 전제정치를 부활시켜야 한다고 생각했다. 1881년 황제에 즉위하자 아버지 알렉산드르 2세의 자유주의 노선을 부정하고 확장주의를 바탕으로 중앙아시아로 진출하기 위한 남하정책을 펼친다.

푸틴 대통령은 이러한 알렉산드르 3세에 자신의 모습을 투영하는지도 모른다. 러시아는 2014년에 크림반도를 병합했다. 크림은 원래 구 소련의 일부였으나 소련이 붕괴된 후 독립한 우크라이나에 편입되었다. 그리고 우크라이나에 사는 러시아계 주민들의 독립을 열망하는 기운이 높아지자 그 틈을 놓치지 않고 푸틴 대통령은 군대를 보내 주민투표를 실시하고 크림반도를 러시아에 편입시켰다.

그리고 이 크림반도에 알렉산드르 3세의 동상을 세우고 '러시아에는 친구가 없다'라는 말을 새겨 넣은 것이다. 이 말에서 푸틴 대통령의 야심이 훤히 들여다보인다. 크림은 니콜라이 1세 시절부터 러시아 제국의 세계전략의 본거지였다. 크림은 러시아가 패권을 쥐는 데 없어서는 안 될 존재인 것이다.

역사적으로 러시아에는 민주주의가 뿌리내리지 못하고 황제의 전제지배가 계속되었다. 그런 DNA를 물

알렉산드르 3세. 이반 크람스코이 그림, 1886년, 개인 소장. 강경한 반동군주이면서도 검소하고 소박한 성격으로 방에 켜진 불을 직접 끄고 다녔다고 한다. 첩을 두지 않은 애처가이기도 했다. 크림에서 요양하는 사이 세상을 떠났다.

려받은 듯 러시아는 과거 시대의 영광을 쫓아 제국으로 회귀하고 있다. 과거 제국이 지배했던 영토를 되찾는 것이야말로 역사적인 사명이라는 듯이.

푸틴 대통령은 2018년 3월에 치러진 대통령 선거에서 압승하며 재집권에 성공했다. 그리고 그 사이 적대 세력을 정치적으로 제거하고 독재권을 확립했다. 푸틴 대통령이야말로 현대판 러시아 황제라 할 수 있지 않을까.

로마 제국의 계승자가 된 이반 3세

알렉산드르 3세의 아들 니콜라이 2세는 로마노프 왕조 최후의 황제다. 그는 러시아 혁명이 일어나자 처형당했으며, 로마노프 왕조는 300년간 지속되던 러시아 황실이었다.

로마노프가는 9세기 발트해 연안에 노르만인 루스족이 건국한 노브고로드 공국에서 기원한다. 이 노브고로드 공국의 계보가 키예프 공국으로 계승되고, 다시 모스크바 대공국, 로마노프 왕조로 이어진다.

1453년 비잔티움 제국(동로마 제국)이 오스만 제국에 의해 멸망하자 황제의 자리는 공석 상태가 된다. 이때 모스크바 대공 이반 3세는 1472년에 비잔티움 제국 최후의 황제 콘스탄티누스 11세의 조카 소피아를 아내로 맞는다. 비잔티움 제국의 황제가와 혈연관계를 맺음으로써 자신이 로마 제국의 계승자가 되고자 한 것이다.

1480년, 이반 3세는 차르(황제)를 자처하며 모스크바를 로마, 콘스탄티노플에 이은 '제3의 로마'로 만들었다.

변두리 모스크바를 영지로 둔 시골 귀족 출신 이반 3세가 세력을 확장시킬 수 있었던 이유는 무엇일까? 바로 몽골과의 전투에서 승리했기 때문이다. 13세기, 러시아 지역은 몽골의 습격을 받아 킵차크 칸국에 복속되고 이후 200년에 걸친 몽골의 지배가 계속된다. 그런 상황에서 몽골에 대항한 이가 바로 이반 3세다.

그는 먼저 몽골에 대한 공납을 거부했다. 이 소식을 듣고 몽골의 칸(왕)이 이반 3세에 칙사를 보내 진의를 묻자, 이반 3세는 공납청구서를 칙사 앞에서 찢어버린다. 이 일로 러시아와 몽골은 격하게 대립하지만 몽골 세력은 이미 쇠퇴하여 이반 3세는 몽골을 러시아 중부에서 쫓아내는 데 성공한다.

황제전제주의가 필요했던 러시아

이반 3세의 손자 이반 4세는 16세기에 활약하며 대귀족들을 가차없이 탄압했다. 그리고 독재적 공포정치를 펼쳐서 '뇌제雷帝, Grozny'라 불리며 공포의 대상이 되었다. 이반 4세는 곳곳에 밀정을 보내, 자신

| 그림 13-2 | 러시아 차르국의 영토 확장

에게 조금이라도 반발하는 기색이 보이면 온갖 수단을 동원해 귀족들을 계략에 빠트리고 처형시켰다. 또한 그들의 영토를 몰수하여 차르의 직할령으로 삼았다. 이 무렵 시골에 불과했던 모스크바는 러시아 유수의 도시로 발전했다.

이반 4세는 귀족에게 빼앗은 돈으로 오프리치니나oprichnina라는 특별령을 실시했다. 이는 봉건 세력을 쓰러트리기 위해 만든 조치로, 1570년 노브고로드시에 반역의 움직임이 일자, 이반 4세는 오프리치니나를 통해 반역자를 제압하고 3만 명 이상을 처형했다.

또한 이반 4세는 러시아 중남부의 몽골 세력(카잔 칸국, 아스트라한 칸국)을 내쫓고 러시아의 영토적 발전 기반을 완성했다. 이반 4세는 모스크바 대공국을 새로이 러시아 차르국(사실상의 러시아 제국)이라 명명했다.

이렇게 해서 이반 4세 시대에 러시아의 차리즘(황제전제주의)이 확립된다. 러시아의 차리즘은 피할 수 없는 숙명이었다. 러시아는 슬라브계, 아시아계, 노르만계 등이 모인 다민족 국가였다. 근대 이후 러시아의 영토가 확대되면서 민족의 다양성도 늘었다.

나아가 그들은 부족사회를 형성했다. 사정이 그러하다 보니 유럽의 상업국가처럼 법과 사회의 규범에 따른다기보다는 오히려 힘의 강약이 시비를 판가름하는 기준이 되었다. 이렇게 크고 작은 부족 세력이 패권을 다투며 복잡하게 얽힌 상황에서 통치자인 러시아 황제는 절대적인 힘을 갖지 않으면 안 되었다.

이반 4세가 잔악무도한 황제이긴 했지만 러시아를 이끌기 위해서는 그런 통솔력 뛰어난 카리스마의 소유자가 필요했던 것이다. 황제가 조금이라도 유약한 모습을 보이면 부족 세력이 커지고 국토가 분단되어 전란에 휘말리게 된다. 평화를 유지하기 위해서라도 강한 황제가 필요했다.

이러한 사회풍토가 러시아만의 독특한 차리즘을 낳았고, 그것이 오늘날 러시아 정치의 DNA로 계승된 것이다.

로마노프 왕조의 약진

이반 4세가 세상을 떠난(1584년) 후, 동란이 빈번하게 일어나고 제위를 찬탈하려는 자와 황제 자리를 탐하는 자가 줄을 이었다.

약 30년의 동란기를 거쳐 1613년 로마노프가의 미하일 로마노프가 새로이 차르로 선출되고 로마노프 왕조를 열었다. 로마노프가는 노브고로드 공국의 계보를 이은 귀족이었다. 그는 교역에 성공한 대부호 가문인 스트로가노프가와 친하게 지내며 그 집안의 지원으로 차르의 자리에 오른다.

참고로 '비프 스트로가노프'라는 요리가 있는데, 스트로가노프가의 수장이 노령으로 이가 약해지자 먹기 좋게 소고기를 푹 삶은 것에서 시작되었다고 한다.

로마노프 왕조는 18세기 전반에 활약한 표트르 1세 시대에 서구화·근대화를 추진하며 약진한다. 러시아는 모스크바 대공국 이래, 내륙에 둘러싸여 바다로 나갈 출구가 없었다. 근대국가가 되려면 해상 교역권을 장악해야 했다. 표트르 1세는 발트해로 진출하려 했으나 발트해의 패권은 스웨덴이 이미 쥐고 있었다. 그래서 러시아는 스웨덴과 전쟁을 벌이는데, 이것이 북방 전쟁이다.

표트르 1세는 이 전쟁 이전부터 행정기구와 군사기구의 근대화, 중앙집권화를 추진했다. 소국이었던 러시아는 주변 지역을 결속시키고 지배권을 확립하지 않으면 안 되었다. 표트르 1세는 러시아 중앙정부의 명령에 따르지 않는 지방의 농촌지주들을 제압했다. 이들은 코사크Cossack(카자크라고도 한다. - 옮긴이)라 불리는 봉건 무장 세력으로 옛날부터 자급자족의 부족생활을 영위하며 러시아 제국의 지배를 거부해왔다.

표트르 1세는 그의 아버지 대부터 반항을 계속하던 러시아 남방 볼가강 유역의 코사크를 진압하여 지배를 공고히 했다. 또 러시아 서방의 우크라이나 코사크의 반란을 진압하여 우크라이나를 정복한다.

표트르 1세는 이러한 주변 지역의 코사크들을 제압하고 이들을 러시아 제국의 군대로 편입시켰다. 그리고 북방 전쟁을 일으켜 그들에게 활약의 장을 마련해주었다. 북방 전쟁에서 러시아가 승리할 수 있었던 비결은 러시아에 산재하던 코사크 세력이 모여 러시아 제국 하에 결속했기 때문이다. 1721년, 승리한 러시아는 발트해로 진출하여 발트해 안에 새로운 수도 페테르부르크를 건설한다.

여제 예카테리나 2세

18세기 전반 표트르 1세가 북부 발트해 방면으로 영토를 확장했다면, 18세기 후반 여제 예카테리나 2세는 남부 흑해 방면으로 진출하여 오스만 제국의 크림반도를 빼앗았다. 러시아는 크림반도를 거머쥠으로써 흑해의 제해권을 장악했다. 이후 크림반도는 소련이 붕괴되고 우크라이나령이 될 때까지 러시아령이 된다.

이렇게 러시아 영내에 북쪽의 발트해와 남쪽의 흑해를 잇는 물류 동맥이 형성되면서 교역이 활발해지자 경제가 약진하고 국력이 급속도로 성장했다.

1773년에는 카자흐스탄 지방에 사는 코사크들의 수장 푸가초프의 반란을 진압하고 러시아 남방에서 중앙아시아 북부를 러시아의 지배권 안에 넣는다.

여제 예카테리나 2세는 가장 유명한 러시아 황제다. 그녀는 독일인으로 러시아인의 피는 한 방울도 섞이지 않았다. 그런데도 어떻게 러시아의 황제가 될 수 있었을까?

예카테리나 2세는 안할트 제르프스트 공후의 딸로 독일 귀족 출신이다. 이 가계는 독일 북부(현재는 폴란드령)의 포메른이 영지였다. 예카테리나 2세는 열다섯 살에 러시아 황태자 표트르와 결혼했는데 러시아인들의 지지를 얻기 위해 러시아어를 맹렬히 공부했다. 얼마나 열심히 공부했는지 열이 나서 쓰러질 정도였다고 한다.

반면 황태자 표트르는 독일에 유학한 적이 있어 프로이센 왕 프리드리히 2세를 숭배했는데, 이것이 러시아 귀족들의 반감을 샀다. 당시 러시아는 프로이센과 적대관계에 있었기 때문이다.

표트르는 지적 장애를 갖고 있었다. 그래서 예카테리나 2세는 살티코프 백작을 비롯한 여러 러시아 귀족과 관계를 맺었다. 후계자를 얻기 위해 엘리자베타 여제(예카테리나 2세의 시백모로 표트르 1세와 예카테리나 1세의 딸이다. – 옮긴이) 등 주변인도 그녀의 외도를 인정했다.

예카테리나 2세의 아들은 파벨 1세로 표면상으로는 남편 표트르와의 사이에서 낳은 아이였으나 실제로는 살티코프 백작과의 사이에서 낳은 아이라는 설도 있다. 설령 그게 사실이라 해도 살티코프 백작이 로마노프 왕조의 시조 미하일 로마노프의 자손이라 파벨 1세는 로마노프가의 혈통을 잇는 것이 된다.

| 그림 13-3 | 로마노프 왕조의 가계도

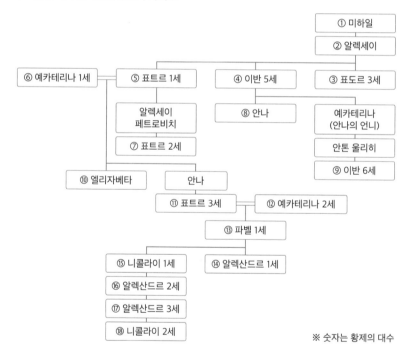

※ 숫자는 황제의 대수

황후가 쿠데타를 일으키다

1762년 엘리자베타 여제가 세상을 떠나자 황태자 표트르가 표트르 3세로 즉위하고 예카테리나 2세는 황후가 된다. 그녀의 나이 서른두 살 때였다.

이때 러시아군이 프로이센을 공격하여 프리드리히 2세를 쫓아냈다(7년 전쟁). 하지만 표트르 3세는 즉위 후, 숭배하는 프리드리히 2세를 위기에서 구하기 위해 멋대로 프로이센과 강화조약을 맺는다. 이에 러시아 귀족들은 분노했다. 여기에 독일인을 따라 프로테스탄트 신자가 된 표트르 3세가 러시아 정교회와 러시아 귀족을 탄압하면서 그들과 결정적으로 대립하게 된다.

러시아 귀족들은 표트르 3세를 폐위시키고 예카테리나 2세를 제위에 올리기 위해 쿠데타를 일으킨다. 이때 예카테리나 2세가 직접 지휘봉을 잡으며 거의 무혈로 쿠데타를 성공시킨다. 표트르 3세는 폐위된 후 얼마 지나지 않아 사망했다.

예카테리나 2세는 남편의 죽음에 관해 "지병인 치질이 악화되어 급사했다"고 공표했다. 남편을 너무나 싫어한 나머지 죽을 때까지 바보 취급한 것이다.

로마노프가의 혈통이 아니었던 탓에 예카테리나 2세가 황제에 즉위하는 것에 반대하는 사람도 있었으나, 1762년 그녀는 반대를 무릅쓰고 황제의 자리에 오른다.

예카테리나 2세에 앞서 여제로 예카테리나 1세가 있었다. 그녀는 농민의 딸로 표트르 1세의 눈에 들어 황후가 되었다. 1725년에 표트르 1세가 세상을 뜨자 귀족과 군이 황후를 추대하여 쿠데타를 일으켰다. 그리고 예카테리나 1세는 러시아 사상 최초의 여제가 된다.

예카테리나 1세의 전례가 있어서 예카테리나 2세는 무사히 황제의 자리에 오를 수 있었다. 또한 로마 제국 시대부터 혈통에 관계없이 실력 있는 자가 황제가 되어야 한다는 전통도 있어 반드시 혈통을 전제로 하지는 않았다.

▌왕좌 위의 창부

예카테리나 2세는 귀족들에게 추대되어 황제가 되었으나 그녀 자신이 견식이 풍부했고 정치력도 있었다. 그래서 귀족의 꼭두각시가 되지 않고 뛰어난 통치능력을 발휘해 러시아를 크게 발전시켰다.

예카테리나 2세의 정치력을 뒷받침했던 한 요인으로 정력의 절륜함을 꼽을 수 있다. 그녀는 귀족들과 차례로 관계를 맺고 친하게 지냄으로써 그들을 조종했다. 손자뻘인 니콜라이 1세는 예카테리나 2세를 '왕좌 위의 창부'라고 평했다. 예카테리나 2세에게는 그것도 하나의 정치였을지 모른다.

예카테리나 2세의 사후에는 아들 파벨 1세가 제위를 계승했다.

19세기 초 알렉산드르 1세 시대, 러시아가 나폴레옹을 격퇴하자 유럽 각국은 그 공적을 인정하여 폴란드의 러시아 영유를 승인했다. 폴란드, 우크라이나, 볼가강 유역의 남러시아 등 비옥한 농경지대에 대규모 농장이 세워지고 품종개량, 경작기술이 발달하면서 러시아는 프랑스를 능가하는 농업대국이 되었다.

19세기 중반 이후, 니콜라이 1세부터 알렉산드르 3세 시대에 러시아는 중동의 이란과 중앙아시아, 만주, 극동방면으로 영토를 확장하고 아시아계 주민까지 지배하게 되면서 19세기 말에 이르러서는 인구가 1억 명이

예카테리나 2세. 표도르 로코토프 그림, 1780년경, 예르미타시 미술관 소장. 아름답지는 않았으나 지성이 넘치고 정력적이며 사람을 끌어당기는 매력이 있어 그녀의 유혹을 거부한 남자는 거의 없었다.

넘었다. 동시대 영국의 인구가 2,500만 명, 프랑스의 인구가 4,000만 명이 조금 안 되던 수준이었으니 러시아의 인구가 얼마나 걸출했는지 짐작이 갈 것이다.

러시아 황제(차르)는 거대한 인구와 국토를 통치해야 했기 때문에 강한 권력이 필요했다. 따라서 러시아에서 차리즘의 확립은 필연적이라 할 수 있다.

14

동유럽과 남유럽,
유럽의 복합 민족 왕국

▌아시아와의 접합 지역, 동유럽과 남유럽

경제적으로 어려운 동유럽과 남유럽의 나라들을 가보면 여전히 구 소련 시대의 낡고 허름한 건물들이 눈에 띈다. 일부 관광지는 정비되었으나 도시 대부분은 무겁게 가라앉은 음울함 속에 잠겨 있다. 그런 도시의 음울한 분위기와 맞물려 여성들은 신기하리만치 아름답고 요염한 빛을 발산한다.

동유럽과 남유럽의 여성들이 아름다운 데는 이유가 있다. '인종의 용광로'라 불리는 이 지역은 백인(슬라브계와 게르만계)과 아시아인(터키계와 몽골계)의 혼혈이 많다. 그래서 각 민족이 지니고 있는 아름다운 외모의 장점이 잘 계승되었다.

중세 이래 이 지역에는 여러 민족이 어우러진 세 왕국이 주로 존재했었다. 불가리아 제국, 헝가리 왕국, 야기에워 왕조(폴란드·리투아니아)가 그들이다.

불가리아 제국(원래는 왕국)은 7세기에 성립하여 한때 중단된 시기도 있었으나 약 700년간 지속되었다. 중앙아시아 서부에 있던 터키계 유목민 불가르인이 7세기에 서쪽으로 이동하며 발칸반도(도나우강 하류 지역)에 도달한다.

유목민의 군주인 '칸'을 표방하던 불가르인 군주는 9세기 말에 기독교로 개종하고 불가리아 정교회를 독자적으로 확립한다. 그리고 10세기 초 칸은 스스로를 황제(차르)라 칭하며 불가리아 제국을 수립한다.

| 그림 14-1 | 백인과 아시아인의 복합 민족 왕국

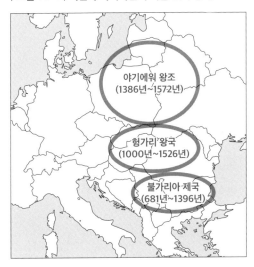

9세기 무렵 크룸 칸 시대에 전성기를 맞이한 불가리아 제국은 813년 비잔티움 제국(동로마 제국)의 수도 콘스탄티노플을 포위한 적도 있다. 그 과정에서 불가르인은 현지의 슬라브인과 일체화되었다. 하지만 14세기 오스만 제국에 병합되면서 불가리아 제국은 결국 멸망한다.

복합 민족 왕국의 세력 강화

9세기, 마자르인은 러시아 우랄산맥으로 이동해 살다가 이주한 터키인이 그 기원이다. 이들은 10세기에 기독교로 개종한다. 1000년에 마자르인인 이슈트반 1세가 로마 교황으로부터 헝가리의 왕으로 인정받은 후, 그 일족인 아르파드 왕조가 발족한다. 이후 아르파드 왕조는 300년간 지속된다.

이 헝가리 왕국은 체코슬로바키아와 루마니아 북부를 지배하며 현지 슬라브인과 동화되었다.

그런데 1301년 아르파드 왕조가 단절되면서 혼란기에 접어든다. 한때는 신성로마 제국의 지배 아래, 루마니아 귀족(트란실바니아 공)과 폴란드 야기에워 왕조의 왕족(라요시 2세 등)이 헝가리의 왕위에 올라 이곳을 다스렸으나, 1526년 모하치 전투에서 오스만 제국에 대패하고 병합되었다. 이때 헝가리는 오스만 제국의 유럽 진출을 위한 중요한 거점이 된다.

13세기에는 리투아니아 대공국이라는 거대한 나라가 등장한다. 현재의 발트3국과 우크라이나, 벨라루스, 러시아 서부에 걸친 광대한 영역을 지배하던 리투아니아 대공국은 1386년에 폴란드를 병합한다. 그리고 리투아니아 대공 야기에워는 폴란드 여왕과 결혼하여 폴란드 왕과 리투아니아 대공을 겸하며 야기에워 왕조를 열었다.

이 지역에 칭기즈 칸의 손자 바투가 이끌던 몽골인이 습격했는데, 이들을 가리켜 '립카 타타르Lipka Tatars인'이라 한다. 타타르인은 몽골계 유목민을 가리키고, 립카는 몽골어로 '리투아니아'를 지칭한다. 이름을 보면 알 수 있듯이 리투아니아 대공국은 원래 몽골인 등 아시아계의 혈통을 이어받으며 발전했다. 또 립카 타타르인의 기마대는 리투아니아 대공군의 주력부대로 활약했다.

그러다 14세기 말 야기에워가 폴란드 여왕과 결혼할 때, 기독교로 개종하면서 현지 슬라브인에 동화되었다. 야기에워 왕조는 체코슬로바키아도 지배하며 강대한 세력을 자랑했으나 16세기에 단절되고 그 후 폴란드는 분열되어 혼란기에 접어든다.

이렇게 중세 이래 동유럽과 남유럽에는 아시아인이 들어와 터전을 잡고, 아시아인과 유럽인과의 복합 민족 왕국이 사회기반을 형성하며 서유럽을 압도하는 강한 세력을 자랑했다. 하지만 아시아 유목민에게 특징적으로 볼 수 있는 부족사회를 전제로 한 무단정치(군대나 경찰 따위의 무력으로 행하는 정치 – 옮긴이)가 횡행하는 상황 속에서 상업은 뿌리내리지 못했다.

복합 민족 왕국의 해체

그림 14-1의 세 복합 민족 왕국 중 불가리아 제국과 헝가리 왕국은 16세기 오스만 제국에 정복되었다. 그리고 폴란드는 야기에워 왕조가 단절된 후, 18세기에 프로이센, 러시아, 오스트리아 등의 간섭을 받으며 분할된다(폴란드 분할).

17세기 말에는 오스트리아가 오스만 제국의 지배를 받던 헝가리를 빼앗는다. 이에 헝가리는 체코슬로바키아와 함께 오스트리아 제국(합스부르크가)의 일부가 되어 그 지배를 받는다.

폴란드는 러시아 제국의 지배를 받기도 했다. 나폴레옹이 일으킨 전쟁의 혼란을 틈타 쳐들어온 러시아가 1815년 빈 회의에서 러시아령으로 정식 승인받은 것이다. 이후로 폴란드는 폴란드 입헌 왕국이 되고 러시아 황제가 왕을 겸했다.

동유럽의 여러 나라는 이렇게 러시아와 오스트리아의 지배를 받다가 제1차 세계대전 중 일어난 러시아 혁명과 오스트리아의 패배로 독립한다(그림 14-2 참조).

또한 19세기 후반, 발칸반도에서는 러시아의 지원을 받아 힘이 약해진 오스만 제국으로부터 여러 나라가 독립하게 되는데, 불가리아, 그리스, 루마니아, 세르비아, 몬테네그로(훗날 유고슬라비아) 등이 그러한 나라들이다. 이들 왕국에서는 지역 귀족이 왕위에 올랐다.

제2차 세계대전 후, 동유럽과 남유럽의 여러 나라들은 소련의 위

| 그림 14-2 | 제1차 세계대전 후의 유럽

성국가가 되어 지배를 받게 되고, 그와 동시에 군주제는 폐지되고 사
회주의 체제가 자리 잡는다. 그러나 이들 여러 나라도 1991년 소련
이 붕괴되면서 각자 자립의 길을 걷게 되었다.

전쟁으로 황폐화 된 황금의 프라하

중세 이래로 동유럽의 문화·경제의 중심지는 체코의 프라하였다.
10세기 초, 체코에서 뵈멘Böhmen(보헤미아) 왕국이 건국되고 12세기 뵈멘 왕국은 신성로마 제국에 편입되어 가톨릭으로 개종한다.

독일 귀족 중에는 현재 룩셈부르크 대공국을 영유했던 룩셈부르크가가 있었다. 룩셈부르크가의 카를 4세는 14세기에 혼인을 통한 상속으로 뵈멘 왕을 이어받게 된다.

또한 카를 4세는 신성로마 제국(독일)의 황제에 선출된다. 신성로마 제국의 황제는 15세기 합스부르크가에 세습되기 전까지 독일 귀족들이 선거로 황제를 뽑았는데, 변경의 약소 세력이 그들의 입장에서는 통제하기가 더 편했기 때문이다.

하지만 카를 4세는 정력적인 황제였다. 그는 신성로마 제국의 수도를 뵈멘의 프라하로 옮긴 후 프라하성을 확장 공사했을 뿐만 아니라, 카렐대학을 설립하고 오늘날 도시의 상징이 된 카렐교를 건설한다. 그 결과, 도시가 정비되어 '황금의 프라하'로 불리며 프라하는 로마, 콘스탄티노플과 나란히 유럽 최대의 도시로 발전한다.

뵈멘 왕국은 신성로마 제국의 일부였으나 카를 4세의 노력으로 14세기 신성로마 제국을 견인하는 힘을 갖게 되었다. 하지만 16세기 룩셈부르크가가 단절되자 뵈멘은 합스부르크가의 지배를 받게 되고 착취의 대상이 되면서 급속도로 쇠퇴하고 만다.

종교개혁의 영향을 받아 뵈멘에 루터파의 신교도가 급증하자 신성로마 제국의 황제 페르디난트 2세는 가톨릭을 강요한다. 여기에 반발하여 1618년 뵈멘에서 반란이 일어나는데, 이는 30년 전쟁의 원인이 된다.

제 6 장

중국의 왕실

15

'군주를 바꿀 수 있다'고 말한 맹자의 생각

'폐하'의 '하'가 '下(아래 하)'자인 이유

일반적으로 천황과 황제, 왕을 '폐하陛下'라는 경칭으로 부른다. 국가의 최고지도자를 가리키는 호칭에 '下(아래 하)'자를 쓰는 이유는 무엇일까?

'폐하'라는 경칭은 기원전 3세기, 진나라의 시황제 때부터 쓰이기 시작했다. '폐陛'는 황제가 사는 궁전으로 통하는 계단을 의미하는데 보통 황제는 그 계단 위에 있으니 '폐하'가 아니라 '폐상陛上'이 되어야 할 것이다. 그런데 왜 '폐하'라고 부르는 것일까?

당시 사람들은 황제에게 직접 말을 걸지 못했다. 황제의 시종을 통해서만 황제에게 말을 걸 수 있었다. 이 시종은 궁전의 계단 아래階段下 대기하고 있다. 그래서 "폐하(계단 아래)에 있는 자를 통해 황제께

아룁니다"라는 의미에서 '폐하'라고 부르게 된 것이다.

처음에 '폐하'란 황제에게 아뢸 때 쓰이는 수식어와 같은 말이었으나 차츰 그 자체가 황제를 뜻하는 존칭으로서의 의미를 갖게 되었다. 하지만 중국에서는 '폐하'보다 '황상皇上'이란 경칭이 더 자주 쓰였다.

황태자를 비롯한 황제의 아들에게는 '전하殿下'라고 한다. '전하'의 '전殿'은 궁전宮殿을 의미한다. '궁전 아래 대기하고 있는 시종을 통해 아룀다'는 의미로 쓰이며, '폐하'보다 한 단계 낮은 존칭이다.

나아가 황족과 중신에게는 '각하閣下'라는 존칭을 사용했다. '전하'보다 한 단계 낮은 호칭으로, 여기서 '각閣'은 누각樓閣을 의미한다. 현재는 대통령과 수상, 대사에게도 이 호칭이 쓰인다.

그 외에 성직자에 대한 존칭도 있다. 로마 교황과 정교회의 총 주교 등 기독교의 최고성직자에게는 '성하聖下'라는 호칭을 쓴다.

불교의 고승에게는 '예하猊下'라는 표현을 쓰는데, 예하란 사자를 가리킨다. 불전에서 붓다를 '인중사자人中獅子'(뭇사람 중에서 사자처럼 비범한 사람을 뜻하는 말-옮긴이)라고 하며, 붓다와 같이 덕이 높은 사람이 앉은 자리를 사자좌라고 불렀다. 티베트 불교의 달라이라마 법왕에게도 '예하'라는 존칭을 쓴다. '성하'와 '예하' 사이에는 격이 높고 낮음의 구별이 없으며 명칭만 다를 뿐이다.

이렇게 최고의 자리에 있는 사람에게 '아래 하'자를 쓰는 이유는 '아래에 있는 시종을 통해 아뢴다'라는 의미가 있기 때문이다.

'황제'라는 칭호의 유래

진나라의 왕 정政(시황제의 이름은 영정嬴政이다. - 옮긴이)은 기원전 221년, 중국을 처음으로 통일하고 스스로를 시황제라 칭했다. 이때 처음으로 '황제'라는 칭호가 탄생했다. 왜 시황제는 '황제'라는 칭호를 사용한 것일까? 거기에는 어떤 의미가 있을까?

황제는 삼황오제라 불리는 중국 신화의 성왕과 제왕들에게서 유래한다. 천황天皇, 지황地皇, 인황人皇 세 명의 전설의 황제가 세계를 창조하면 그 세계를 황제黃帝, 전욱顓頊, 곡嚳, 요堯, 순舜으로 전설의 5제가 이어서 계승하고(이에 대해서는 다른 의견도 많다. 가령 삼황은 '천황天皇·지황地皇·태황泰皇', '수인燧人·복희伏羲·신농神農', '복희·여와女媧·신농', '복희·신농·황제'로 역사서마다 다르게 기술되어 있다. 오제도 마찬가지로 삼황과 중복되거나 다르게 표기되는 등 사서마다 다르다. - 옮긴이), 뒤이어 하夏나라가 들어서고 후에 은殷나라, 주周나라에 이르게 된다. 진나라의 시황제는 이러한 삼황오제의 칭호를 전부 모아서 '황제皇帝'란 칭호를 만든 것이다.

왕이란 뜻을 가진 '皇(임금 황)'에는 환하게 빛난다는 뜻의 '白(흰 백)' 자가 포함되어 있다. 하나로 묶는다는 뜻이 있는 '帝(임금 제)'자는 통치자를 가리키는 말이다. 또 '糸(실 사)'를 부수로 갖는 '締(맺을 체)'자에는 글자 그대로 실을 하나로 묶는다는 뜻이 있다. 따라서 '황제'란 '세계를 하나로 묶는 환하게 빛나는 왕'이라는 뜻을 품고 있다. 시황제는 황제란 명칭을 통해 자신이 전설적인 성인들의 치세를 능가하는 최고의 존재임을 보여주려고 했다.

참고로 '왕王'자가 왜 통치자를 의미하는지에 대해서는 여러 가지 설이 분분하다. 고대 중국에서 지배의 상징으로 쓰인 도끼의 상징 글자에서 '왕'이란 한자가 만들어졌다는 설, 혹은 하늘과 땅을 나타내는 '二(둘 이)'에 인간을 넣어서 '三(석 삼)'을 만들고 거기에 세로 줄을 한 줄 넣어 천天, 지地, 인人을 잇는 존재로서 '왕'자가 성립되었다는 설 등이 있다.

중국 황제에 대항한 일본의 천황

일본의 천황도 '황'자를 썼다. 천왕이라고 하지 않고 천황이라고 한 것은 일본이 중국의 황제에 대항하려고 했기 때문이다.

천황이라는 칭호는 7세기 초부터 사용하기 시작했다. 중국 신화에 나오는 전설의 삼황(천황, 지황, 인황) 중 '천황'의 지위가 가장 높아서 칭호로 적합하다고 여겼기 때문이다. 이러한 이유로 7세기 후반인 제40대 덴무 천황 시대에 천황의 칭호가 일반적으로 쓰이게 되었고 손자인 몬무 천황 시대인 702년에 공포된 다이호 율령(당나라의 영휘 율령을 참고한 것으로 여겨지는 일본 최초의 본격적인 율령으로, 이 율령의 반포 및 시행으로 고대 일본은 본격적인 율령제 국가로 들어서게 되었다. ─옮긴이)

에 따라 천황의 칭호 사용이 법적으로 정리되었다.

일본에서는 다이카개신(7세기 중엽 일본에서 왕을 정점으로 한 중앙집권적 정치 체제를 구축하기 위하여 이루어진 정치 개혁 — 옮긴이)이 있던 덴지 천황 시대에 호족의 지위가 내려가고 군주 중심의 중앙집권 체제가 정비되기 시작한다. 덴지 천황의 아우인 덴무 천황은 정권의 신장과 함께 그때까지 쓰던 대왕 등을 대신할 새로운 칭호로 천황을 사용하도록 지시한다.

당시 중국이나 한국은 일본을 '왜(倭)'로 불렀고, 그 군주에게는 '왜왕'이라는 칭호를 썼다. 중국에서는 황제가 최고의 군림자이고 그 아래에 여러 왕들이 있었다. 중국의 왕은 황제에게 영토를 받은 지방의 제후에 불과했다. 즉 '왜왕'이란 중국 황제에게 복종하는 제후 중 한 명이란 뜻이었다.

이러한 상황에서 일본은 중앙집권 체제를 정비하고 국력을 급속도로 키우는 상황에서 중국에 대한 신종을 의미하는 '왕'이란 칭호를 피하고 '천황'이라는 표현을 새로 탄생시킨 것이다.

▌중국 황제의 황통을 지키려던 남자

중국에서는 세계의 통치자인 황제의 신성을 지키지 못하고 잇달아 왕조가 교체되며 황제의 혈통이 자주 단절되었다.

먼저 시황제의 혈통은 겨우 2대밖에 지속되지 못했다. 시황제의 아들 호해는 2세 황제로 즉위했으나 환관에 휘둘리다 죽임을 당한다.

진나라가 2대에 멸망한 후, 전란기였던 기원전 206년에 유방이 한漢나라를 세우고 새로이 황제에 오른다. 이 한나라는 한때 왕망에게 제위를 빼앗겼으나 전한과 후한을 합쳐 약 400년 동안 이어졌다.

중국에서 황제의 혈통을 이렇게 길게 유지한 왕조는 한나라가 유일하다. 그래서 이 혈통을 유지하여 중국에 황통을 뿌리내려야 한다고 생각한 사람들도 있었다. 그들은 황통의 안정과 유지야말로 사회질서를 형성하기 위한 기초가 된다고 생각했다.

그러한 생각의 대표 주자가 후한 시대인 2~3세기에 활약한 순욱이다. 순욱은 삼국지에 나오는 조조의 참모로 널리 알려진 인물이다.

당시 한나라(후한)의 명운은 바람 앞의 등불과 같아서, 조조는 한나라를 폐하고 자신의 왕조를 열고자 했다. 그래서 새로운 왕조를 열기 전에 먼저 위공이 되려고 했다.

순욱은 조조를 지지하던 최대 공신 중 한 명이었으나 400년간 지속된 한나라를 지키지 않으면 안 된다고 생각하고 조조의 위공 취임에 반대했다. 순욱은 실력자가 끊임없이 새로운 왕조를 창설하여 황제가 되려고 하면 왕조가 바뀔 때마다 천하가 어지러워져 백성들이 전란에 휘말린다고 생각했다.

하지만 조조가 위공이 되면 정권의 구심력이 강해진다고 생각했던 조조 휘하의 군신들은 하루라도 빨리 취임하라고 조조에게 간청했다. 순욱만이 조조의 위공 취임에 반대한 것이다. 그가 생각하기에 조조를 중심으로 의병을 일으킨 것은 조정을 구하고 국가를 안정시키기 위함이었다. 그래서 한나라가 아무리 힘을 잃었다고 한들 황제를 천대할 수는 없다고 주장했다.

이후 조조는 순욱을 멀리하기 시작했다. 그리고 어느 날 순욱에게 아름다운 그릇을 선물로 보냈다. 그런데 순욱이 그 안을 들여다보니 텅 비어 있었다. 빈 그릇을 보고 "너는 이제 쓸모가 없다"라는 의미가 담겨 있음을 깨닫고 순욱이 자살했다고 한다.

▎폐위되어 마땅한 폭군들

순욱이 죽은 이듬해, 조조는 위공이 되었고 다시 얼마 지나지 않아 위왕에 올랐다. 그리고 조조의 아들 조비는 후한의 마지막 황제 헌제를 압박하여 황제의 자리를 받고 220년에 위魏나라를 연다.

조조와 조비가 한나라를 몰아냄으로써 중국에서는 황제의 혈통을 지킨다는 정신문화가 무너지고 패권을 다투던 실력자가 오랜 왕조를 무너트리는 일이 되풀이되었다. 중국 왕조는 주요 왕조들만 나열해도 진나라에서 청나라까지 10개나 되고 그때마다 황통이 바뀌었다. 그렇게 생각하면 조조와 조비 시대가 황통을 세울 수 있을지를 가리는 하나의 전환점이었다고 할 수 있다.

조조 시대보다 550년 앞선 기원전 4세기, 덕德이 쇠한 왕조는 다른 영웅호걸의 손에 사라질 것이라고 주장한 인물이 있었다. 바로 유가의 대표적인 사상가 맹자다. 맹자는 은나라의 탕왕湯王이 하나라의 걸왕桀王을 추방한 것, 주나라의 무왕이 은나라의 주왕을 정벌한 것은 찬탈행위가 아니라고 말했다.

걸왕과 주왕은 왕이었다고는 하나 폭정을 펼쳐 인심을 잃은 덕이 없는 잔적에 불과하니 폐위되어 마땅했다는 것이다. 맹자는 "인의를 잃은 주왕은 이미 군주가 아니라 한낱 필부에 불과하다. 따라서 군주를 죽였다고는 할 수 없다 聞誅一夫紂矣 未聞弑君也(문주일부주의 미문시군야)"라고 술회했다.

과거 은나라는 하나라를 멸망시켰고 주나라는 은나라를 멸망시

▪▄ 주요 중국 왕조와 황실의 씨

왕조	건국자	황실의 씨	건국 시기
진(秦)	시황제	조 씨	기원전 3세기
한(漢)	유방	유 씨	기원전 3세기 말
위(魏)	조비	조 씨	3세기
진(晉)	사마염	사마 씨	3세기
수(隋)	양견	양 씨	6세기
당(唐)	이연	이 씨	7세기
송(宋)	조광윤	조 씨	10세기
원(元)	쿠빌라이	보르지긴 씨	13세기
명(明)	주원장	주 씨	14세기
청(淸)	누르하치	아이신기오로 씨	17세기

컸다. 천명이 다한 왕조는 혁명革命(천명을命 개혁한다革는 뜻)에 의해 새로운 왕조로 대체된다. 맹자에 따르면 그때 군주가 스스로 자리를 물려주는 것을 '선양禪讓', 무력에 의해 추방되는 것을 '방벌放伐'이라 하며, 이러한 혁명을 역성 혁명易姓革命이라고 한다. 역성이란 '왕실의 성姓이 바뀐다易'라는 뜻이다.

역성 혁명으로 날조된 역사

맹자의 역성 혁명은 조비와 같은 시대의 실력자들에게 악용되었

맹자. 타이베이 국립 고궁 박물관 소장. 맹자의 역성 혁명론은 신하가 주군을 쓰러트리는 하극상을 정당화하는 이론이 되고 말았다.

다. 덕을 갖춘 일족이 새로운 왕조를 세운다는 미명 아래, 황제의 자리를 찬탈하는 일이 되풀이된 것이다.

새로운 왕조의 황제는 역성 혁명의 정당성을 강조하기 위해 역사편찬 등을 통해 이전 왕조의 황제를 철저히 비하하고 매도한다. 그런 불운한 황제의 대표자가 수隋나라의 2대 황제인 양제다. 양제는 뛰어난 정치수단을 발휘했으나 중국 최대의 폭군으로 날조되었다.

양제는 대운하 건설을 비롯해 율령제라 불리는 중앙집권적 관료제를 정비하여 국력의 증대에 힘썼다. 경제의 향상으로 민중의 생활도 상향되었다. 또 균전제를 정비하여 부유한 호족이 영유하던 대토지를 거둬들이고 이를 민중에게 균등하게 나누어주는 등 민중을 위한 정책을 추진했다. 그 외에도 관료등용제인 과거제도를 정비했다.

과거는 필기시험 점수로 합격과 불합격을 정하는 개방된 등용제였는데, 이를 실시함으로써 연줄이나 기반이 없는 사람에게도 기회가 주어졌다.

이렇게 양제는 우수한 정책을 펼쳤고, 그에 따라 나라도 평안했다. 하지만 급진적 중앙집권주의에 반발한 저항 세력이 암약했고 그들과 결탁한 수나라의 중신 이연, 이세민 부자가 양제를 배신하고 반란을 일으킨다. 618년, 고구려 원정 등의 여파로 혼란스러운 틈을 타 이연 부자가 장안을 점령하고 실권을 잡아 당나라를 건국하고 양제는 암살당한다.

이런 부당한 반란의 경위에서 이연 부자는 양제를 부자연스러울 정

양제. 염입본(閻立本) 그림, 7세기, 보스턴 미술관 소장. 양제는 이름이 양광(楊廣)인데, 이연 부자에게 '양(煬, 하늘을 거스른다는 의미)'이라는 시호를 받는 바람에 폭군이라는 이미지가 정착되었다.

도로 폭군 취급을 하고 자신들의 반란이 민중을 위한 것이라고 주장했다.

양제는 대운하를 건설하고 화북(중국 북부)과 강남(중국 남부)을 수로로 연결하여 경제가 좋아지는 큰 성과를 얻었다. 하지만 이연 부자는 양제가 대운하 건설로 민중을 혹사시키고 고통에 빠트렸던 것만을 강조했다. 또 양제가 운하를 건설하느라 고생한 민중은 돌보지 않고 대운하 완성을 축하한다며 운하에 배를 띄우고 주연을 열었다며 그의 오만함만을 부각시켰다.

이렇게 역성 혁명이 횡행하자 승자에 의한 역사 날조 또한 빈번하게 이루어졌다.

왕후장상의 씨가 어찌 따로 있다더냐

유럽에서는 왕의 혈통이 끊어졌을 때 왕조가 단절되지만, 중국에서는 왕의 덕이 끊어졌을 때 역성 혁명으로 왕조가 단절된다. '덕이 끊어진다'라는 애매한 기준으로 실력자가 부상한 것이다. 덕분에 유방과 주원장처럼 평민이었으나 출세하여 황제가 되는 인물이 나올 수 있었다.

진秦나라 말기에 농민반란군을 이끈 진승은 "왕후장상의 씨가 어찌 따로 있다더냐"라는 유명한 말을 남겼다. 정해진 집안만이 왕과 제후, 장군, 재상 등 높은 자리에 오르는 것은 아니라는 뜻이 담긴 말이다. 이 말은 중국인의 의식 속에 깊숙이 침투했다.

평민만이 아니라 이민족도 황제가 될 수 있었다. 혈통보다 덕을 지닌 어진 사람이 군주에 걸맞는다는 논리로 중국에서는 이민족 출신의 실력자가 황제가 되는 예가 적지 않았다. 중국의 주요 통일 왕조는 '진秦 → 한漢 → 진晉 → 수隋 → 당唐 → 송宋 → 원元 → 명明 → 청淸'인데, 이중 이른바 한족이 세운 통일 왕조는 일반적으로 알려진 것만 진秦나라, 한漢나라, 진晉나라, 명明나라 정도일 것이다.

근본이 어디인지도 모를 인간이 나라를 탈취하는 상황이 역사적으로 계속되자 사람들도 자신들의 나라가 대체 누구의 나라인지 종잡을 수 없어 국가의식은 점점 약화되었고 사회는 혼란에 빠졌다.

근대에 들어오면서 이러한 폐해는 현저해졌다. 유럽 등에서는 국민국가로서 왕과 황제를 중심으로 국민이 힘을 합쳐 근대화와 부국강병을 추진했다면, 중국은 그러한 개혁의 중추가 되는 이념 없이 시대에 농락당하기만 했다.

20세기에 들어 마오쩌둥을 위시한 공산당이 신분과 집안을 부정하는 공산주의 사상을 내걸고 세력을 단숨에 확장시켰다. '왕후장상의 씨가 어찌 따로 있다더냐'라는 정신문화가 인민의 의식 속에 잠재적으로 계승된 중국에서는 공산주의 사상에 대한 거부감이 없었다. 그러자 공산주의가 순식간에 퍼지면서 중국 사회와 중국인의 의식 속에 스며들었다.

왜 중국은
황실을 남기지 않았을까

황제제도를 전면 부정한 쑨원

중국은 옛날이나 지금이나 패권주의 국가다. 그래서 황제제도가
잘 맞을 것 같지만, 실상은 황제제도가 폐지되고 황실도 남지 않았
다. 그 이유는 무엇일까?

중국의 마지막 왕조인 청나라 말기, 입헌파와 혁명파 두 그룹이
있었다. 입헌파 대표는 캉유웨이(청나라 말기 중화민국 초기의 학자이자 정
치가로, 변법 자강 운동의 중심적 지도자 – 옮긴이)와 량치차오(청나라 말에서
중화민국 초기의 정치가·사상가이며 캉유웨이의 제자 – 옮긴이)를 비롯한 청나
라 관료들이다. 그들은 백성들의 지적 수준과 문화·생활 수준이 낮
은 중국에서 공화제와 민주주의를 시행하면 대혼란에 빠져 열강의
먹이가 될 수 있으니 황제제도를 유지하면서 개혁을 추진해야 한다

고 주장했다. 그들은 일본과 유럽처럼 중국에도 입헌군주제가 뿌리 내려야 한다고 생각했다.

반면 혁명파의 대표는 쑨원(중국 혁명의 선도자로 중화민국 초대 임시총통을 지냈고 중국의 실질적인 통치자였다. - 옮긴이)과 황싱(중국의 혁명가 - 옮긴이)이었다. 그들은 체제 안에서의 개혁은 불가능하며 청나라를 타도하지 않으면 안 된다고 생각했다.

쑨원과 황싱은 한인민족주의자로 1905년 중국혁명동맹회를 결성하고 '만주족 축출, 중화회복, 공화국 건립, 균등한 토지소유'의 4대 강령을 내걸었다. 쑨원은 만주족의 왕조인 청나라를 '달로'라 부르며 이들을 축출하지 않으면 안 된다고 주장했다. '달로韃虜란 달단韃靼(타타르인·몽골인)을 비하하는 호칭으로, 과거에 달단은 몽골인만을 가리켰으나 시대의 흐름에 따라 만주인을 포함하는 북방 민족 전체를 가리키게 되었다.

쑨원은 만주족을 배제하고 한인 중심의 공화제 국가를 세워 특권 계급의 토지를 평민에게 분배하고자 했다. 그리고 이러한 사상은 쑨

■▪ 청나라 말기의 개혁파

	입헌파	혁명파
대표자	캉유웨이, 량치차오	쑨원, 황싱
정치 체제	입헌군주제	공화제
추진 계층	봉건제후	민족자본가(부르주아)
정치 결사	보황회	중국혁명동맹회

16 왜 중국은 황실을 남기지 않았을까

원의 이른바 '삼민주의'(민족독립, 민권신장, 민생안정)로 결실을 맺는다.

이렇게 쑨원을 비롯한 혁명파에 청나라의 생존은 전혀 양립할 수 없는, 하루라도 빨리 타도해야 하는 존재였다.

혁명의 원동력이 된 민족자본가

청일 전쟁에 패한 청나라는 1895년 시모노세키 조약을 체결하고 조선에서 물러나는 동시에 엄청난 배상금을 물어야 했다. 대국 청나라가 일본에 패하다니! 충격을 받은 청나라는 그제야 본격적인 개혁에 나선다.

1898년, 입헌파는 변법 자강 운동이라는 근대화 운동을 일으킨다. 황제의 독재를 제한하고 헌법을 제정하는 개혁이었는데 당시의 황제 광서제(청나라의 제11대 황제였으나 사실상 실권은 서태후에게 있었다. - 옮긴이)는 개혁에 협력적이었다. 하지만 서태후를 비롯한 보수파가 자신들의 세력이 배제되는 것을 두려워해 변법 자강 운동을 탄압했고, 이로 인해 개혁은 실패로 돌아갔다.

입헌파의 개혁이 실패하자 혁명파의 세력이 커졌다. 20세기에 들어오면서 중국에서도 공업화가 진행되고 민족자본가라 불리는 부르주아 계급이 탄생한다. 그러자 쑨원은 국내 민족자본가와 화교(외국에서 성공한 민족자본가) 세력을 결집해 혁명 운동의 원동력으로 삼았다.

민족자본가들은 청나라에서 작위와 특권을 보장받은 봉건제후와 이해관계가 충돌하며 격렬하게 대립했다. 봉건제후는 영토를 독점하고 민족자본가의 상공업에도 부당하게 개입해 세금을 갈취했다. 청나라는 그런 봉건제후의 지지를 받았으므로, 민족자본가의 입장에서는 상공업의 자유를 얻기 위해서라도 반드시 청나라를 쓰러트려야 했다.

혼란에 빠진 청나라는 극단적인 재정난을 견디지 못하고 1911년에 간선철도를 국유화한다. 철도를 보유하고 있던 민족자본가에게서 이를 몰수해 재정 부족을 충당하는 강경수단을 꺼낸 것이다. 이에 민족자본가는 청나라의 지배가 약해진 중국 남부로 가서 철도건설과 섬유, 철강 공업 등에 자본을 투자하며 힘을 키웠다.

청나라의 철도국유화로 민족자본가들의 분노가 폭발하여 쓰촨에서 폭동을 일으키고, 우창(오늘날의 우한-옮긴이)에서 봉기하여 신해혁명을 일으킨다. 민족자본가 세력은 남부 지역 일대에서 청나라로부터의 독립을 일

쑨원. 1910년대. 광둥 출신으로 의사였다. 1897년 일본에 머물 때, 사상가 미야자키 도텐과 만나 그의 중개로 캉유웨이의 입헌파와 합작을 꾀했으나 결렬되었다.

방적으로 선언했다. 또 난징에서 쑨원을 임시대통령으로 선출하고 중화민국의 건국을 선언했다.

이렇게 해서 중국은 진나라 시황제로부터 약 2100년이나 계속되던 황제제도와 결별하게 된다.

▌누가 황제를 없앴는가

한편 청나라는 위안스카이를 내각 총리대신으로 임명하고 혁명을 진압하라고 명한다. 중국 북부에는 군사력을 보유한 지방호족, 즉 군벌 세력이 있었는데 위안스카이가 이 군벌의 영수였다. 그는 대군을 이끌고 난징으로 들어온다.

위안스카이는 청나라 체제 내부의 인물이었으나 청나라의 명운이 길지 않다고 보았다. 그렇다면 새로운 중화민국의 총통이 되는 편이 상책이다! 그렇게 판단한 위안스카이는 혁명파와 거래하고자 "청나라 황제를 퇴위시키는 조건으로 나를 중화민국의 대총통으로 인정해달라"고 요청한다.

쑨원을 비롯한 혁명파는 위안스카이의 강력한 군사력 앞에 이 요청을 수락할 수밖에 없었다. 하지만 청나라 황제를 퇴위시키고 새로운 중화민국을 세우는 것만으로도 큰 전진이라고 보았다.

대총통이 된 위안스카이는 선통제 푸이(청나라의 마지막 황제—옮긴이)를 퇴위시킨다. 1912년, 그렇게 청나라는 멸망했다.

중국에서 황제제도를 없애기 위해 싸운 것은 쑨원의 민족주의 세력이었으나 실제로 황제제도를 없앤 것은 청나라 내부에서 특권을 향유하던 위안스카이의 군벌 세력이었다. 즉 청나라는 외부로부터 공격을 받았으나 내부에서 괴멸했다고 할 수 있다.

선통제 푸이의 퇴위로 황제제도는 끝이 났지만 황제제도와 함께 하던 봉건정치는 그대로 유지되면서 정치의 내실은 변하지 않게 된다. 위안스카이는 정권을 잡은 후 군벌과 봉건제후의 특권을 보증하면서 쑨원의 민족자본가 세력을 탄압했다. 이에 쑨원은 중화혁명당을 결성하고 위안스카이 정권에 대항했으나 강대한 군사력을 자랑하는 그들의 적수가 되지는 못했다.

일본에 살고 있는 청나라 황족의 자손

선통제 푸이는 퇴위한 후 유폐된 상태로 자금성에서 살았다. 그후 일본의 만주국 건국과 함께 1934년 만주국 황제로 즉위하며 강덕제라 불리게 된다.

푸이의 동생 푸제는 일본 육군사관학교를 졸업하고 만주국군의 장교가 된다. 그리고 1937년 일본 천황가의 친척이었던 사가 후작가의 딸과 결혼한다. 이로써 푸이와 푸제의 아이신기오로 씨는 일본 황실과 먼 친척관계가 된다.

1945년 일본이 제2차 세계대전에서 패하고 만주국이 무너지자 푸이는 황제에서 퇴위한다. 이후 만주에 침공한 소련군의 포로가 되었다가 1949년 마오쩌둥이 인민공화국을 건국하자 중국에 신변이 넘겨진다. 그는 전범관리소에 수용되어 가혹한 사상교육을 받았다. 과거 황제였던 푸이는 그때의 굴욕을 견디지 못하고 몇 번이나 자살을 시도했다. 복역하는 동안 중국공산당에 충성을 다하라는 강요를 받았으며 10년간 복역한 후 석방되었다.

혼례 당시의 아이신기오로 푸제와 사가 히로

그 후 푸이는 중국인민정치협상회의의 위원으로 선출된다. 정치협상회의는 각계의 저명한 인사가 모인 기관으로 위원이라고는 하나 명예직이나 다름없었다. 중국의 마지막 황제 푸이는 1967년 베이징에서 세상을 떠났는데 슬하에 자식은 없었다.

황제제도 붕괴로 인한 대혼란

다시 위안스카이와 쑨원의 시대로 돌아가보자. 위안스카이는 야심을 노골적으로 드러냈다. 그는 1916년 황제에 즉위하고 국호를 중화민국에서 중화 제국으로 변경한 후 연호를 홍헌洪憲으로 정하고 홍헌 황제라 자칭했다.

혈통의 정통성이 없는 위안스카이가 갑자기 황제가 된 것에 당시 주변국을 비롯한 세계 각국은 놀랐으나 중국 역사에서는 혈통에 관계없이 실력자가 황제가 된 사례가 많았으므로 위안스카이 본인은 황제가 되는 것이 당연하다고 생각했다.

하지만 20세기에 접어들어 세계 각국의 근대화가 속도를 내면서 중국 내에서도 황제제도를 부활시키는 것은 시대착오라는 비판이 쏟아졌고 정권의 기반이었던 군벌과 봉건제후들도 반발하기 시작했다. 그 결과 위안스카이는 3개월 만에 황제의 자리에서 물러났고 얼마 지나지 않아 병사했다.

황제 즉위식에서의 위안스카이

위안스카이가 병사한 후에도 군벌 세력과 쑨원의 혁명파와의 대립이 계속되는 바람에 근대 혁명은 이루어지지 못했다. 제1차 세계대전 후, 베이징의 학생이 중심이 되어 '5·4 운동'이라는 반제국주의 운동이 펼쳐진다. 민중의 정치에 대한 관심이 높아지자 쑨원은 이를 감지하고 민중을 흡수하여 혁명 세력을 형성하자는 방침을 세운다. 쑨원은 그때까지 엘리트주의적 부르주아 혁명을 지향했으나 이후 생각을 바꿔 민중 전체를 흡수하는 혁명을 추진하기로 한다.

그 일환으로 쑨원은 빈민층을 지지기반으로 하는 공산당과 연계하여 제1차 국공합작을 추진하고, 이어서 민족자본가들을 중심으로 국민당을 결성한다. 이로써 국민당과 공산당의 협조가 실현된다.

이후 중국에서는 공산당이 급속도로 세력을 확장하며 맹위를 떨쳤다. 하지만 1925년 쑨원은 "혁명은 아직 끝나지 않았다"라는 유명한 말을 남기고 베이징에서 세상을 떠난다.

후계자인 장제스는 쑨원과 달리 공산당을 위험분자로 보고 탄압하기 시작했다. 장제스는 마오쩌둥과 격렬하게 대립했으나 이미 공산당의 확산은 그 누구도 멈출 수 없는 상태였다. 공산주의자가 부르짖는 평등사회가 민중들에게 널리 받아들여졌기 때문이다.

중국에서는 유럽과 달리 부르주아 시민계급이 성숙하지 못했다. 황제제도를 타도한 후에 그 지지대가 되어야 할 민족자본가들이 국가를 강력하게 견인하지 못했다. 1912년 신해혁명으로 청나라가 무너졌을 때, 이를 견인해줄 존재의 부재 속에서 중국은 방향성을 잃었다. 질서가 맥없이 무너지고, 공산주의가 압도적 다수인 빈민의 지지를 얻으며 세력을 확장해갔다. 즉 황제제도의 붕괴 후 중국에서는 공산주의 국가의 탄생이 불가피했던 것이다.

천황이 있었기에 가능했던 일본의 근대 혁명

일본도 중국과 마찬가지로 부르주아 계급이 유럽처럼 성숙하지 못했다. 그 대신 종래의 특권계급이었던 번의 영주와 무사가 근대 혁명을 담당했다.

17세기 영국의 시민혁명에서도, 18세기의 프랑스 혁명에서도 국왕을 비롯해 많은 특권계층이 처형되었다. 프랑스 혁명에서는 매일 산적한 수많은 처형을 신속히 집행하기 위해 단두대가 고안되었다. 유럽의 근대 혁명에는 피비린내 나는 폭력이 따라다녔고, 그것은 중국의 역성 혁명과 별반 다르지 않았다.

일본의 근대화 운동인 메이지유신의 경우, 그러한 피비린내 나는 폭력을 최소한으로 억제하였다. 유럽형 시민계급이 '앙시앵레짐 ancien régime(구 체제)'을 급진적으로 타파하는 모습과 일본의 메이지유신은 근본적으로 달랐다.

일본의 근대화가 온건하게 진행된 배경으로는 천황의 존재가 컸다. 에도막부의 마지막 쇼군 도쿠가와 요시노부는 체면을 잃지 않고 정권에서 물러날 수 있었다. 이는 쇼군보다 격이 높은 천황에게 그때까지 맡고 있던 정권을 반납한다는 대정봉환大政奉還(도쿠가와 막부 15대 쇼군 도쿠가와 요시노부가 메이지 천황에게 통치권 반납을 선언한 정치적 사건 - 옮긴이)이라는 표면상의 이유가 통했기 때문이다.

약 270년간 계속된 에도의 쇼군이 사쓰마, 죠슈라는 변경의 다이묘(10~19세기에 걸쳐 일본 각 지방의 영토를 다스리며 권력을 누렸던 영주 - 옮긴이)에 굴복하는 치욕을 맛봤다면 막부 세력은 사력을 다해 혁명군과 싸웠을 것이다. 그러면 정권을 쉽게 건네받지 못하고 피로 피를 씻는 끔찍한 내전으로 발전할 가능성이 컸다.

막부는 어디까지나 대정봉환으로 천황의 뜻에 순순히 따른 것이다. 사람들에게 천황이 초월적인 존재로 여겨진 덕분에 일본은 내전의 위기를 모면할 수 있었다.

제 7 장

동남아시아, 인도·중앙아시아의 왕실

자산보유 1위, 2위는 동남아시아 왕실

불경죄로 연행된 관광객

태국에 사는 외국인 주재원이라면 평소 조심해야 할 사항이 있다. 태국에는 불경죄라는 형벌이 있으며 태국 왕실에 대해 경의를 표하지 않고 모욕한 경우, 3년에서 15년의 금고형에 처해지기 때문이다. 태국의 불경죄는 아주 엄격하게 적용되어 외국인 주재원들도 항상 조심해야 한다.

2016년 태국군은 일본인 20명을 불경죄 혐의로 연행했다. 이 일본인들은 태국의 불경죄가 얼마나 무서운지 잘 몰랐던 모양이다. 그해 10월, 태국 국왕 푸미폰 아둔야뎃(라마 9세)이 88세로 세상을 떠나자 태국 정부는 30일간 오락 활동을 자숙하라고 요청했다. 그래서 태국인들 대부분이 이 기간 동안 검은 옷을 입고 상을 치렀다.

그럼에도 10월 말, 일본인 20명은 방콕 근교의 골프장에서 골프 경기 뒤풀이를 한답시고 먹고 마시며 소란을 피웠다. 이에 신고를 받고 군이 그들을 연행한 것이다. 다행히 '상복의 예절을 유지하도록'이라는 엄중주의만 받고 풀려났다.

과거 태국 왕실을 비판한 책을 쓴 호주인이 징역 3년의 실형을 선고받기도 했다(2009년). 최근에는 새로운 국왕 마하 와치랄롱꼰(라마 10세)에 대한 비판에 당국이 신경을 곤두세우고 있다. 와치랄롱꼰 왕의 왕세자 시절 행실불량에 대한 보도가 끊이지 않았기 때문이다. 이렇게 보면 어느 나라 왕족이든 사람의 본성은 천차만별이고 그 정치적 배경도 각기 다르다.

태국 왕실은 세계에서 가장 부유한 왕실이다. 약 300억 달러(한화로 약 36조 4,170억 원 − 옮긴이)의 자산에 연간 수입이 3억 달러 정도 된다. 태국 왕실은 광대한 왕궁과 사원, 토지를 대물림할 뿐 아니라 최근 몇 년 사이 효율적인 부동산 투자로 자산을 크게 늘렸다. 그 외에 태국군과는 별도로 5천 명 규모의 왕실 자체 군대도 보유하고 있다.

왕위계승에 관해 태국은 관례적으로 남계 장자가 우선이지만 국왕이 후계자를 지명할 수도 있어서 여왕이 탄생할 가능성도 있다. 실제로 전에 푸미폰 국왕의 후계자로 박학하고 성격이 좋아 인기가 높은 마하 짜끄리 시린톤 공주가 지명되리라는 견해도 있었다.

태국에 발전과 안정을 가져다준 짜끄리 왕조

태국의 도시 곳곳에는 푸미폰 전 국왕의 초상이 걸려 있다. 푸미폰 국왕은 국민의 절대적인 지지를 받으며 70년에 걸쳐 태국 국왕으로 군림했다.

전후 태국에서는 군에 의한 쿠데타가 빈번하게 일어났으나 푸미폰 국왕은 정권과 군의 대립을 잘 조정해 쿠데타가 과격해지는 것을 막았다. 누구도 푸미폰 국왕의 판단에는 거역하지 못했다. 국왕의 지휘도 있어서 치안이 안정되자 태국은 서서히 민주화와 경제성장을 이루고 있다.

푸미폰 국왕은 정치가를 엄하게 질책하기도 했다. 방콕의 교통체증에 관하여 "자네들은 책상에 앉아서 떠들기만 하지 어떤 효과적인 방법을 강구하고 있나!"라고 강하게 꾸짖거나, 방콕이 홍수피해를 입었을 때도 "대응이 너무 늦다, 뭘 하고 있는가!"라며 질책했다.

오른쪽의 표에서도 알 수 있듯이 태국에는 주요 통일 왕조가 3개 있었다. 현재 왕조는 짜끄리 왕조로, 아유타야 왕조의 무장 짜끄리(라마 1세)가 태국인 세력을 규합하여 18세기 말에 건국한 왕조다. 짜끄리 왕조는 수도가 방콕에 있어서 방콕 왕조라 부르기도 하고 운하와 차오프라야강에 둘러싸인 라타나코신섬에 왕궁이 있다고 해서 라타나코신 왕조라고도 부른다. 짜끄리(라마 1세)부터 와치랄롱꼰(라마 10세) 현 국왕까지 10대의 왕이 이어진다.

왕조명	건국	특징
수코타이 왕조	1238년	북부를 중심으로 느슨한 연방 국가
아유타야 왕조	1351년	왕권 강화, 해양무역이 왕성
짜끄리 왕조	1782년	영국과 연대, 독립을 유지

제4대 국왕 몽꿋(라마 4세)은 19세기 서구화에 발맞춰 근대개혁을 추진했고, 1855년에는 영국과 통상우호조약을 체결했다. 이는 불평등조약이었으나 라마 4세는 열강에 양보함으로써 독립을 유지하고자 했다.

태국 사상 최고의 명군으로 꼽히는 쭐라롱꼰 대왕(라마 5세)은 태국의 독립 유지와 근대화에 힘썼다. 영국과 프랑스에 영토 할양을 인정하면서도 양국의 대립을 이용하여 어느 나라에도 속하지 않고 독립을 유지하는 데 성공했다.

1932년, 세계 공황으로 태국 경제가 곤궁해지자 인민당의 주도로 입헌 혁명이 일어난다. 이에 태국 최초로 헌법이 제정되고 국왕 라마 7세는 입헌군주제를 인정했다. 태국의 절대 왕정을 끝낸 이 입헌 혁명은 태국이 근대화로 가는 실질적인 첫걸음이자, 국왕의 이해를 구하고 추진된 온건한 개혁이었다.

1938년 입헌 혁명에서 활약한 삐불(원래 이름은 쁠랙 피분송크람으로 민족주의자이며 태국의 세력권을 확장하고자 하는 '대大태국주의'를 추구했다. ─ 옮긴이)이 수상이 되면서 전전과 전후에 걸쳐 큰 권력을 행사했다.

위대한 앙코르 왕조의 후예

동남아시아국가연합ASEAN의 가맹국 10개국 중 왕실이 남아 있는 나라는 태국과 캄보디아, 말레이시아, 브루나이 4개국이다.

캄보디아는 9세기 초 크메르 왕조(앙코르 왕조)를 수립하고, 12세기부터 13세기에 걸쳐 최전성기를 맞이하여 앙코르 유적을 건조한다. 14세기에는 앙코르가 버려지고 크메르 왕조는 유명무실화되지만 왕족의 자손은 남아 그 혈통이 이어진다. 그래서 오늘날 캄보디아 국왕은 '위대한 앙코르 왕조의 후예'로 추앙받고 있다. 하지만 크메르 왕조의 혈통이 어떻게 계승되었는지에 관한 사료가 별로 남아 있지 않아 석연치 않은 부분도 있다.

1887년 캄보디아는 프랑스령 인도차이나의 일부가 되지만 왕실은 남는다. 그리고 1941년 유명한 노로돔 시아누크 국왕이 즉위하며 프랑스에서의 독립 운동을 주도한다. 1953년 캄보디아 왕국으로 독립하고 시아누크 국왕은 '독립의 아버지'로 국민의 존경을 받는다.

인접 국가 베트남에서 벌어진 전쟁의 혼란과 함께 1970년 쿠데타가 일어나 캄보디아의 군주제는 무너지고 내전이 발발한다. 내전에서 악명 높은 폴 포트(캄보디아의 독립운동가, 노동운동가, 군인, 정치인이자 공산주의 혁명가다. 집권기간 중 지주, 자본주의자, 반대파 200만 명을 숙청했다. ─옮긴이)는 공산주의 정권을 수립한 후, 시아누크를 비롯한 국왕파와 격렬하게 대립한다.

| 그림 17-1 | 동남아시아국가연합 가맹국

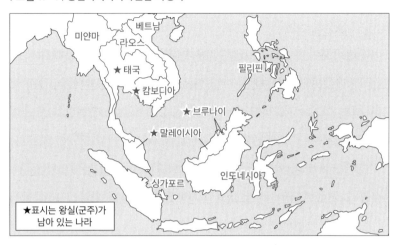

1993년 23년에 이르는 내전의 혼란을 거쳐 캄보디아국민의회 선거를 통해 민주정권이 탄생하고 시아누크는 국왕으로 복귀한다.

2004년, 시아누크는 아들 노로돔 시하모니에게 국왕의 자리를 물려주었다. 2018년 훈센(캄보디아의 총리로 캄보디아를 통치하는 실질적인 지도자 중 한 사람-옮긴이) 정권은 국왕에 대한 불경죄를 신설했다. 이들은 총선거에서 압승해 독재 권력을 공고히 하고 시하모니 국왕과도 연대했다. 그러다 보니 불경죄가 정권 비판에 대한 입막음으로 이용되는 것 아니냐는 우려가 있다.

캄보디아에서는 여성이 왕위를 계승하지 못한다. 캄보디아 헌법에 '여성은 국가 원수로 취임할 수 없다'고 명시되어 있기 때문이다.

동남아시아에 남아 있는 왕실과 사라진 왕실

말레이시아는 영국의 식민지였다. 하지만 1957년에 독립하여 새로 국왕을 추대한다. 왕은 주를 다스리는 군주인 술탄들의 투표로 선출되며 임기는 5년이다. 말레이시아는 과거 소왕국 연방제 국가여서 선거군주제를 채택했다.

입헌군주제 안에서 국왕은 명목적인 권한밖에 없다. 말레이시아 국왕은 초대 국왕 툰크 압둘 라만 푸트라 알 하지부터 16대째인 압둘라 현 국왕(2019년~)에 이른다.

말레이시아의 왕실은 역사적 혈통으로 연결된 왕실은 아니다. 말레이시아에는 말라카 왕국이라는 강대한 왕조가 있었다. 15세기 초에 건국된 말라카 왕국은 동남아시아 최초의 이슬람 국가이자 말라카 해협을 보유한 동남아시아 무역의 중심지로서 번영했다. 말라카 왕국은 이슬람교를 기반으로 인도, 중동, 아프리카 동해안과 연결되어 아시아의 해상교역을 지배하고 강대한 왕국으로 발전했다.

그리고 15세기 후반에 최전성기를 맞이하여 그 영역이 자바섬 및 말레이반도 전역과 수마트라섬 동부에 이르는 큰 세력을 이루었으나 1511년 포르투갈인의 침략을 받고 멸망했다.

브루나이 왕국은 15세기에 보르네오섬(칼리만탄섬) 북부 일대를 지배했다. 브루나이 왕국은 자원과 인구가 부족해 유럽 열강에 거의 방치되었고 그 덕분에 살아남았다고 할 수 있다.

1929년 유전이 발견되자 영국은 브루나이 왕국의 지배를 강화했다. 그래서 1984년 완전하게 독립할 때까지 유전의 이권 대부분은 영국이 쥐고 있었다. 하지만 브루나이에서 경제행정을 실질적으로 도맡아 관리하던 크라운 에이전트(잉글랜드 중앙은행의 출자회사) 스캔들(크라운 에이전트가 브루나이 왕실로부터 거액의 투자를 받았으나 재정관리에 실패해 큰 손실을 낸 사건 - 옮긴이)로 인해 영국은 브루나이 왕국의 이권에서 손을 떼고 독립을 인정하지 않을 수 없었다.

독립 후, 유전과 천연가스 이권을 한손에 거머쥔 브루나이 왕실은 오늘날 태국 왕실에 이어 세계 2위의 자산을 보유하고 있다. 그 액수는 약 200억 달러(한화 약 24조 4,200억 원 - 옮긴이)에 이른다고 한다. 브루나이 국왕은 해외에서 숙박할 때, 스위트룸을 포함한 층을 통째로 빌린다. 현재 국왕은 29대 하사날 볼키아다. 브루나이 국왕은 정치적으로도 독재권을 가진 절대 군주다.

동남아시아의 여러 나라들은 거의 왕국이었으나 아래 표에서 보이는 것처럼 주로 유럽 열강에 의해 사라졌다.

▪▪ 멸망하거나 사라진 동남아시아의 왕조

나라	왕조	멸망 시기	원인
말레이시아	말라카 왕국	1511년	포르투갈 침공
인도네시아	마타람 왕국	18세기	네덜란드 침공
미얀마	꼰바웅 왕조	1885년	영국 병합
라오스	란쌍 왕국	18세기	분열
베트남	응우옌 왕조	1945년	쿠데타, 퇴위

그 대표가 미얀마의 꼰바웅 왕조다. 1752년, 무장 알라웅파야는 미얀마의 여러 민족을 거느리고 꼰바웅(알라웅파야) 왕조를 창시한다. 점차 세력을 확장한 알라웅파야는 그의 아들 대인 1767년 400년 이상 계속된 태국의 아유타야 왕조를 무너트린다. 꼰바웅 왕조는 중국의 청나라와도 전쟁을 벌여 미얀마 북부의 모든 부족을 평정하고 미얀마 사상 최대의 영역을 이룬다. 또한 인도와의 무역을 통해 경제도 발전시켰다.

하지만 꼰바웅 왕조는 영국과의 전쟁에서 패하고, 1886년 영국령 인도 제국에 병합된다. 마지막 왕인 띠보 왕은 인도의 뭄바이에 유폐되었다.

제국이라 자칭한 베트남

베트남은 제국이며 그 군주는 황제였다. 그들이 제국이라 자칭한 이유는 중국과 대항하기 위해서였다. 베트남 왕조는 중국에 인접하여 중국의 침략을 직접적으로 당하는 입장이었다. 그래서 중국에는 굴복하지 않는다는 것이 베트남의 국시가 된다.

베트남 왕조는 중국을 '북조北朝', 자국을 '남조南朝'라고 불렀다. 북조인 중국에 황제가 있는데 남조인 자국의 왕을 황제라 칭하는 것은 당연한 일이었다.

이러한 드높은 기개로 베트남을 최초로 통일한 리李 왕조는 10세기에 중국 송나라의 침입을 무찌른다. 그 다음 왕조인 쩐陳 왕조도 13세기 원나라 쿠빌라이의 세 번에 걸친 침입을 격퇴한다. 그리고 명나라의 지배를 배제한 레러이는 1428년 하노이에서 즉위하여 베트남 남부 전역을 포함하는 레 왕조 여조대월黎朝大越을 건국한다. 이렇게 베트남의 통일 왕조는 '이 왕조 → 쩐 왕조 → 레 왕조'로 변천한다.

하지만 늘 중국과 대립한 것은 아니다. 1802년 레 왕조의 중신 일족이었던 응우옌 씨 가문의 응우옌푹아인이 응우옌 왕조를 건국하고 도읍을 베트남 중부의 후에에 정한다. 정권의 기반이 취약했던 응우옌 왕조는 중국 청나라를 종주국으로 인정하고 보호를 받았다.

그래도 응우옌 왕조의 군주는 황제라 칭했다. 건국자인 응우옌푹아인은 스스로 가룽제(베트남어로 읽으면 지아롱제)라고 불렀다. 응우옌 왕조의 황제는 중국 이외의 주변국, 프랑스와 영국 등의 열강에는 '대남국 대황제'라고 말했다. 한편 청나라에 대해서는 황제를 배려해 '월남국왕'이라 칭하며 상황에 따라 호칭을 구분해서 썼다.

베트남 외에 라오스와 미얀마, 태국 등도 자주 중국의 침략을 받았으나 이들은 베트남만큼 중국에 대한 대항심이 없어서 황제라는 호칭에 연연하지 않았다. 중국인의 대거 이주로 중국 문화가 많이 유입된 베트남은 한자문화권에 속하게 되었고 유교와 과거제도를 도입했다. 그만큼 베트남은 지정학적으로 중국을 강하게 의식할 수밖에 없었다.

19세기 후반에는 프랑스가 베트남에 진출하면서 프랑스령 인도차이나 연방의 일부가 된다(1887년). 베트남은 프랑스의 식민지가 되지만 응우옌 왕조는 존속을 인정받았다.

베트남의 마지막 황제

바오다이保大는 응우옌 왕조의 마지막 황제로 프랑스에 유학했으나 프랑스로부터의 독립을 꿈꿨다. 1926년에 즉위하여 다양한 개혁을 시도했으나 행정 실권을 프랑스가 쥐고 있어서 할 수 있는 게 아무것도 없었다.

제2차 세계대전 때 일본군이 진주하여 프랑스를 배척하자 바오다이는 일본에 협력하여 일본의 지원을 얻고 프랑스로부터의 독립을 선언한다. 그리고 베트남 제국을 수립한다. 하지만 베트남에서는 공산주의자 호치민이 독립 투쟁의 기수로서 민심을 장악하고 있었으며, 오랜 기간 프랑스의 꼭두각시에 불과했던 바오다이에 대한 충성심은 크지 않았다.

일본이 패전하자 베트남에서는 호치민이 8월 혁명을 일으켜 실력으로 정권을 획득하려고 한다. 바오다이는 호치민의 세력에 굴복하고 스스로 왕의 자리에서 물러났다. 이로써 응우옌 왕조 143년의 역사는 막을 내렸다. 이후 바오다이는 영국령인 홍콩으로 망명한다.

호치민은 베트남 민주 공화국(북
베트남)의 수립을 선언했다. 1946년
프랑스가 베트남을 비롯한 인도차이
나의 식민지를 재지배하기 위해 인
도차이나 전쟁을 일으켰다. 이때 바
오다이는 프랑스에 또 이용당했다.
1949년 바오다이는 프랑스의 강요로
베트남에 귀국해 베트남 공화국(남베
트남)의 국가 원수에 취임한다.

1954년 북베트남군에 쫓기자 프
랑스군은 제네바 휴전협정을 체결하
고 철퇴한다. 프랑스의 철퇴로 바오
다이는 낙동강 오리알 신세가 되고
국민의 반발은 더욱 거세진다.

바오다이 황제. 1930년경, 후에 왕궁에서. 젊어서
는 정치에 참여하려는 의욕적인 시기도 있었으나
자신의 무력함을 통감하고 여흥에 빠지면서 국민
의 지지를 잃었다.

1956년 응오딘지엠 수상은 이용
가치가 없어진 바오다이를 끌어내리기 위해 국민투표를 실시한다.
그 결과, 압도적 다수로 바오다이는 국가 원수의 자리에서 물러나게
되고, 프랑스로 망명하여 여생을 보내다 1997년 파리의 육군병원에
서 눈을 감았다.

18

티무르 제국과 무굴 제국은
왜 제국인가

최강이면서 최상급으로 격이 높은 군주

세계사에서 가장 강하고 격이 높은 군주는 누구일까? 바로 청나라의 건륭제(재위 기간 1735~1796년)일 것이다. 건륭제를 비롯해 청나라 황제는 중국 황제이기 이전에 '카간Khaghan'의 지위도 갖고 있었다.

카간은 아시아 유목민의 군주를 지칭하는 호칭이다. 13세기 유라시아 대륙에 대제국을 건설한 칭기즈 칸의 자손들이 카간이었다.

칸과 카간은 의미가 다르다. 칸이 일반 군주(왕이란 의미)를 가리킨다면, 카간은 최고 군주(대왕)를 뜻한다. 칭기즈는 칸이라 칭했으나 그의 아들이자 몽골 제국 제2대 군주가 된 오고타이는 일반적인 칸과는 격이 다른 카간이란 호칭을 사용했다.

카간은 칸의 옛 호칭으로 '카안Khaan'이라고도 한다. 일부러 예스

럽고 무게가 있는 호칭을 사용해 카간
의 격을 높인 것이다. 칸은 '汗(한)', 카
간은 '可汗(가한)'이라는 한자를 쓴다.

카간의 칭호는 오고타이에게만
사용하였고 그의 형제와 일족이었던
차가타이, 주치, 쿠빌라이, 훌라구 등
은 칸으로 불렀다. 나중에 쿠빌라이
는 카간의 자리를 물려받아 칸에서
카간으로 승격한다. 그 다음에는 쿠
빌라이가 건국한 원나라의 황제가 카
간의 지위를 계승한다.

하지만 청나라의 홍타이지가 칭
기즈 가문의 보르지긴 씨 혈통을 물
려받은 린단 카간을 무찌르자 1635년
린단의 아들 에제이 카간이 원나라의

건륭제. 주세페 카스틸리오네 그림, 1758년, 고궁
박물관 소장. 건륭제 때의 중국 인구는 약 3억 명
에 달하여 세계 GDP의 약 25퍼센트를 차지했다.
이는 동시대 유럽 제국의 전체 GDP보다 컸다.

옥쇄를 내놓고 항복한다. 그리고 홍타이지는 카간의 지위를 물려받
았다.

그리고 100년 후, 건륭제가 몽골의 중가르 지역, 중앙아시아의 동
투르키스탄의 위구르인 거주 지역을 제압하고 몽골 전역을 정복하
면서 청나라 황제는 명실공히 카간의 실체까지 겸하게 된다.

18세기 건륭제가 다스리던 시대, 강희제, 옹정제에 이어 청나라

는 전성기를 맞으며 티베트까지 포함해 역대 중국 왕조 중 가장 넓은 영역을 형성한다. 이러한 의미에서 건륭제는 가장 강하고 격이 높은 군주라 할 수 있다.

칭기즈의 후계자 티무르

14세기 중반 무렵, 칭기즈 칸의 후예들이 세운 국가가 쇠퇴하며 각지에서 소멸한다. 원나라는 농민반란군을 이끌던 주원장에게 밀려 중국 대륙에서 쫓겨나고, 중앙아시아와 중동에 오고타이 칸국, 차가타이 칸국, 일 칸국을 세우는데, 이 중 유라시아 중부에 있던 일 칸국은 14세기 말 티무르 제국에 흡수 통일된다.

터키인과 몽골인의 피가 섞인 티무르 제국의 건국자 티무르는 칭기즈 칸의 후계자를 자칭하며 몽골인을 지배기반으로 새로이 등장해 몽골인 정권인 티무르 제국을 세운다. 티무르는 쇠퇴하는 몽골인 세력을 한데 모아 몽골 제국을 재건한 것이다.

따라서 차가타이 칸국과 일 칸국의 몽골 정권은 멸망했다기보다 오히려 티무르 제국으로 발전 소멸했다고 봐야 한다.

이슬람교 국가였던 티무르 제국은 수도를 실크로드의 요충지 사마르칸트(우즈베키스탄의 서방 도시)에 두고 실크로드를 지배했다. 이에 따라 동서교역의 발전과 함께 제국도 비약적으로 발전한다. 하지만

| 그림 18-1 | 티무르 제국의 영역

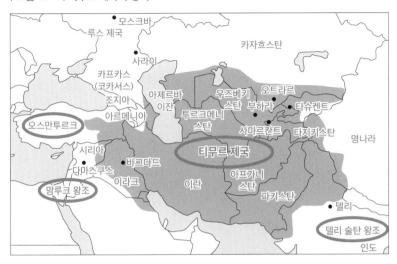

1402년 앙카라 전투에서 오스만 제국과 전쟁을 벌이다 한때 멸망의 위기에 처한다.

티무르는 스스로 칭기즈 칸의 후계자임을 내세웠으나 피를 이어받은 자손은 아니었다. 그래서 카간의 자리에도, 칸의 자리에도 오르지 못하고 '아미르amir'란 칭호를 썼다. 이슬람에서 아미르란 좁은 의미로는 장군과 총독이란 뜻이고, 넓은 의미로는 왕을 의미한다.

또한 티무르는 칭기즈 가문의 보르지긴 씨의 혈통을 이어받은 공주와 결혼해 '쿠레겐Küregen(부마)'이라는 칭호도 받았다. 티무르 제국의 역대 군주들은 보르지긴 씨를 가진 공주들과 결혼하여 카간의 혈통을 강화하려 했다. 티무르 제국에서는 군주를 아미르라 칭하기 때문에 따지고 보면 '제국'이 아니지만, 몽골의 칸국을 통합하여 중앙아시아에서 중동에 이르는 광대한 영역을 지배했기 때문에 '제국'으로 보는 것이 타당하다. 어떤 의미에서는 관습적인 호칭이라고 할 수 있을 것이다.

무굴은 몽골의 또 다른 표현

16세기가 되어 대항해 시대가 본격화되면서 육로인 실크로드가 쇠퇴하기 시작한다. 이에 실크로드 교역을 수입원으로 하던 티무르 제국도 덩달아 쇠퇴한다. 더불어 중앙아시아에 살던 터키계 우즈베크족의 침공을 받자 사마르칸트는 함락되고 만다.

이 무렵, 티무르의 직계 자손 중 바부르라는 왕족이 있었다. 바부르는 전망 없는 중앙아시아를 버리고 풍요로운 인도로 향한다.

북부 인도는 13세기 초부터 델리를 도읍으로 하는 5개의 이슬람 왕조인 델리 술탄 왕조가 300년에 걸쳐 정권이 안정되지 않은 채 혼란에 빠져 있었다. 바부르는 델리 술탄 왕조의 마지막 왕조인 로디 왕조가 내분에 빠지자, 이를 틈타 카이베르 고개를 넘어 인도 북서부의 펀자브 지방에 침입, 1526년에 파니파트 전투에서 로디 왕조의 대군을 격파했다. 그렇게 델리를 점령하고 무굴 제국을 건국한다.

무굴 제국의 '무굴'은 '몽골'이 페르시아어로 변형된 표현이다. 티무르 제국은 앞에서 설명한 대로 몽골인 정권이었다. 티무르 제국의 왕족이던 바부르 또한 몽골인 정권의 후계자여서 무굴이라 불렀다. 칭기즈 칸에서 시작된 몽골인 세력의 대이동이 16세기 바부르 시대에 인도까지 도달한 것이다. 인도에서는 원래 불교를 숭상하는 통일 왕조가 고대부터 중세까지 이어졌다. 마우리아 왕조(기원전 4세기 성립), 쿠샨 왕조(1세기 성립), 굽타 왕조(4세기 성립), 바르다나 왕조(7세기 성립)까지 4개의 통일 왕조가 중세까지 흥망을 거듭했다.

바르다나 왕조를 마지막으로 분열 시대에 들어간 인도는 16세기가 되어서야 겨우 무굴 제국에 의해 통일된다.

바부르가 황제라고 자부한 근거

무굴 제국의 군주는 초대 바부르를 시작으로 전부 황제라 칭했다. 바부르는 어떤 경위로 황제가 된 것일까? 바부르의 선조인 티무르 제국의 군주는 칸이 아니라 아미르에 그쳤는데 말이다.

티무르 제국은 1507년 터키계 우즈베크족의 대규모 침공을 받고 사실상 멸망했다. 이듬해 바부르는 티무르 제국의 존속 세력을 이끌고 티무르가의 수장이 된다. 이때 바부르는 자신을 '파디샤padishah'라 칭한다. 파디샤란 페르시아어로 '황제'를 의미하는데, 바부르는 파디샤라는 호칭을 통해 내심 티무르 제국을 부흥시키려는 기개를 드러낸 것이다.

기개는 알겠으나 파디샤가 될 근거는 어디에 있었던 것일까? 파디샤라고 최초로 밝힌 것은 일 칸국의 가잔 칸이다. 일 칸국은 칭기즈 칸의 손자 훌라구가 중동에 세운 나라이고 훌라구는 쿠빌라이의 남동생이다. 그리고 이 일 칸국의 7대 칸이 가잔 칸으로, 물론 그는 칭기즈 칸의 직계 자손이다.

1295년, 가잔 칸이 칸에 즉위하여 이슬람교를 정식 국교로 정한다. 이때 이슬람 최고 군주임을 내세우기 위해 스스로 '파디샤(황제)'라 칭한다.

그리고 이 일 칸국을 계승한 것이

자히르 알딘 무함마드 바부르. 16세기, 바부르 자서전 삽화에서. 바부르는 가신들의 반대를 무릅쓰고 인도행을 밀어붙였다. 인도를 정복한 후, 가신들이 고향에 돌아가고 싶다고 청했을 때 "여기가 우리의 고향이다"라고 양보하지 않았다.

티무르 제국이다. 티무르의 역대 군주는 칭기즈 직계 자손과 혼인을 거듭하며 쿠레겐(부마)의 칭호를 받았다. 이러한 경위로 일 칸국의 계승자이자 쿠레겐인 티무르 왕족 바부르는 파디샤라고 내세울 자격이 있다고 해석한 것이다.

하지만 이는 당시 바부르와 적대관계에 있던 우즈베크족에 대항하기 위한 조치로, 파디샤를 계승할 정통성이 충분히 있어서라기보다는 다분히 정치적 의도가 강했다. 참고로 우즈베크족을 이끌던 무함마드 샤이바니도 칸을 자칭했다.

어쨌거나 바부르는 '파디샤(황제)'로 불렸으며 바부르가 건국한 무굴 제국은 '제국', 그리고 무굴의 역대 군주는 황제의 자리를 계승했다.

오스만 황제도 영국 왕도 그의 아래에 있다

무굴 제국의 제3대 황제 악바르는 현지 힌두교도와의 융화정책을 펼치며 제국을 크게 발전시켰다. 1558년 악바르는 델리의 남방에 있는 아그라로 도읍을 옮긴다.

제4대 황제 자한기르는 그림 좋아하기로 둘째가라면 서러운 사람으로 화가들에게 많은 무굴 회화를 그리게 했다. 무굴의 회화는 이란의 세밀화에서 발전한 사실주의 형식의 그림이다.

다음에 나오는 그림은 거대한 모래시계의 옥좌에 앉은 자한기르 황제의 초상이다. 모래시계는 시공을 관장하는 황제의 권위를 나타낸다. 화면 왼쪽에는 네 명의 인물이 배치되어 있는데 맨 위는 이슬람교의 신비주의자(수피)로 이슬람 이념으로 제국을 통치하려는 의지를 표방한다. 자한기르는 속세의 왕보다 정신세계를 관장하는 이슬람 성직자가 더 높다고 보았다.

비치트르 <수피파 샤이크를 왕들보다 더 좋아하는 자한기르 황제>. 1615~1618년경, 스미스소니언박물관 프리어 갤러리 소장. 눈을 감은 하늘의 천사는 왜 슬퍼하는지, 모래시계의 모래가 거의 다 떨어진 이유는 무엇인지 등등 수수께끼가 많은 작품이다.

그 다음에 오스만 제국의 술탄(황제)이 나온다. 당시 이슬람교 국가 중 최강을 자랑하던 오스만 제국도 무굴 제국의 황제보다는 아래에 있다. 그 아래에 영국 국왕 제임스 1세가 그려져 있다. 1615년 무굴 제국에 영국 사절이 왔을 때, 궁정화가가 그린 국왕의 초상화를 들고 왔는데 그 그림을 바탕으로 그린 것이다.

맨 아래에는 이 그림을 그린 화가의 자화상이 그려져 있다. 이 작품은 세계를 지배하는 위대한 무굴 제국 황제의 권위를 남김없이 전한다.

무굴 제국은 제20대 황제 바하두르 샤 2세까지 계속된다. 바하두르 샤 2세는 18세기 이후 영국이 인도를 지배하면서 면화, 차, 아편 등의 상품작물을 생산하여 이익을 거두자 영국의 지배에 반발한 인도인 세력이 1857년 반란을 일으키고 추대한 인물이다.

영국은 이 반란을 진압하는 과정에서 바하두르 샤 2세를 체포하여 미얀마로 유배시킨다. 그리고 무굴 제국은 멸망하게 된다.

영국은 인도의 지배를 더욱 강화하여 1877년에는 빅토리아 여왕이 인도 황제를 겸하는 인도 제국을 세운다. 영국령 인도 제국은 1947년 인도, 파키스탄이 독립할 때까지 계속된다.

중앙아시아의 영웅, 우즈베크 샤이바니 왕조

바부르를 위시한 티무르 제국 세력이 중앙아시아에서 사라진 후, 우즈베크족을 이끌던 무함마드 샤이바니가 샤이바니 왕조를 세우고 칸이라 칭한다. 샤이바니 자신은 칭기즈 칸의 장자 주치의 자손이라고 주장했다. 하지만 우즈베크족은 터키계라서 칭기즈 칸의 몽골계와는 아무런 관계가 없다.

샤이바니 왕조는 수도 부하라(우즈베키스탄 중부의 도시)를 중심으로 16세기 말에 전성기를 맞이한다. 그 영역은 오늘날의 투르크메니스탄, 우즈베키스탄, 키르기스스탄, 카자흐스탄, 타지키스탄, 아프가니스탄 등으로 확대되었다. '~스탄stan'이 붙는 나라의 이름은 페르시아어로 '~가 사는 장소'나 '~가 많은 장소'를 의미한다.

그 후 샤이바니 왕조는 히바 칸국, 부하라 칸국, 코칸드 칸국의 3국으로 분열된다. 이 3국을 총칭하여 우즈베크 3칸국이라 부른다. 우즈베크 3칸국은 각각의 칸을 정점으로 하는 무인정권으로 강대한 힘을 갖고 이슬람 세계의 맹주였던 오스만 제국과 이란 왕조에도 무

| 그림 18-2 | 중앙아시아 세력의 추이

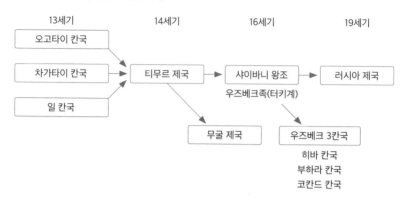

너지지 않고 살아남았다.

하지만 구태의연한 봉건주의가 계속되면서 일부 특권계급만이 부를 향유했다. 그리하여 19세기 후반 근대화된 러시아 제국이 남하하자 아무런 저항도 하지 못하고 허무하게 무너진다.

러시아 제국의 지배는 가혹하기 짝이 없어서 3칸국의 왕후는 모조리 처형되었다. 20세기에는 소련이 이 지역을 이어받아 지배했다. 인민은 노예 취급을 받으며 혹사당했고, 인민들은 과거 세계를 견인했던 칸들의 위업을 마음 편히 회상할 수도 없었다.

네팔의 군주제가 폐지된 이유

2001년 세계 왕실사상 전대미문의 참극이 네팔에서 일어났다.

왕의 가족 전원이 총으로 사살된 '네팔 왕족 살해사건'이 일어난 것이다.

왕세자는 적대관계에 있는 일족의 여성을 사랑했으나 부모인 국왕 부처의 반대에 부딪혔다. 왕세자는 왕족이 모인 자리에서 국왕 부처와 결혼문제로 심한 말다툼을 벌였고, 이에 국왕은 왕세자의 왕위계승권을 박탈하겠다고 위협했다. 그러자 왕세자는 총으로 국왕 일가 전원을 사살하고 자신도 자살했다. 이 사건으로 열 명이 사망하고 다섯 명이 부상당했다.

하지만 이 사건에는 의심스러운 점이 많다. 왕세자가 정말로 범인이었는지 진위도 밝혀지지 않았다. 이 사건 후 왕세자의 숙부인 갸넨드라 비르 비크람 샤 데브가 왕위에 오른다. 그래서 갸넨드라가 왕위를 노리고 쿠데타를 일으켰다는 설도 있다.

2005년 국왕은 의회를 일방적으로 해산하고 독재권을 쥐려 했다. 네팔 국민은 이에 분노하여 민주화 운동에 나서 의회를 복권시키고, 2007년에는 군주제를 폐지하기 위해 나섰다. 그 결과 네팔 연방 민주 공화국이 수립되었다.

네팔에서는 15세기에 왕조가 수립되었으나 강력한 지방부족 세력의 할거로 분열상태가 오래 지속되다가 18세기에 들어와서야 겨우 통일 왕조(고르카 왕조)가 세워진다. 이 고르카 왕조에서는 마지막 왕 갸넨드라까지 12대의 왕이 이어졌다.

18세기 말, 티베트를 합병한 청나라가 네팔 왕국을 침공한다. 이

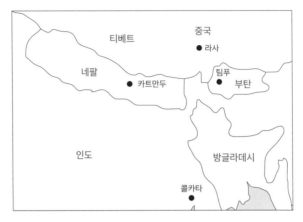

| 그림 18-3 | 네팔-부탄 주변의 지도

들이 수도 카트만두 근교까지 쳐들어오자 네팔 국왕은 항복하고 청나라의 속국이 된다.

19세기에 들어서면 영국이 인도에서 북상해 네팔까지 침략해오고 이 일로 네팔은 영국의 보호국이 된다. 그 후 네팔은 제1차 세계대전 후인 1923년이 되어서야 독립을 인정받게 되는데, 이는 영국이 인도의 독립 운동을 진화하느라 네팔을 방관했기 때문이다.

▎'행복의 나라' 부탄 왕국의 실태

부탄 왕국의 현 국왕 지그메 케사르 남기엘 왕추크의 아버지이자 선대왕인 지그메 싱기에 왕추크는 GDP(국민총생산)를 대신할 새로운 지표로 GNHGross National Happiness(국민총행복지수)를 내세웠다.

부탄 국왕은 GDP를 중시하는 다른 나라들과 달라 GNH를 기준으로 정신의 풍요로움을 추구한다고 말했다. 하지만 이것은 위선과 기만으로 가득한 정책이라고 할 수 있다. 부탄은 세계에서 가장 가난한 나라 중 하나로 GDP가 매우 낮다. 그래서 이를 은폐하기 위해 GNH라는 기준이 명확하지 않은 지표를 만들어 국민의 환심을 사려고 한 것이다.

2011년, 지그메 케사르 남기엘 왕추크 국왕이 일본을 방문했을 때 일본의 좌파 세력은 GNH를 열심히 추켜세웠다.

하지만 부탄 왕국의 수도 팀푸에는 약물에 의존하는 청년과 알코올 중독자가 넘쳐난다. 팀푸의 주요 병원에서는 알코올성 간질환이 사인의 상위를 차지한다는 보고도 있다. 가뜩이나 높은 실업률과 범죄율은 낮아지기는커녕 상승일로에 있다. 인구 85만 명이 안 되는 부탄에서 정부가 GNH만 강조하고 어떤 조취도 취하지 않고 있으니 상황은 점점 악화될 수밖에 없다.

부탄은 17세기에 티베트 불교의 승려가 이 지역을 통일하고 왕조를 열었다. 하지만 내분이 계속되자 티베트가 쳐들어와 티베트에 종속되었다. 그 후 1714년 부탄은 티베트의 달라이라마 정권과 전쟁을 벌여 승리하고 티베트에서 자립한다. 하지만 청나라가 부탄을 티베트의 일부로 간주하고 부탄의 영유권을 주장하며 속국으로 삼았다.

19세기에는 영국이 부탄을 보호국으로 지정하고 청나라로부터 독립시킨다. 그리고 동부지방의 영주였던 우겐 왕추크를 옹립하고 부탄 왕국(왕추크 왕조)을 세웠다. 현 국왕은 우겐을 시작으로 5대째가 된다.

　1949년 영국은 인도의 독립을 승인하는 동시에 부탄의 보호권도 내놓았다. 현재의 부탄 왕국은 입헌군주제다.

제 8 장

중동의 왕실

민주화로 흔들리는
아라비아반도의 군주들

자식이 89명! 사우디아라비아의 왕

사우디아라비아의 살만 빈 압둘아지즈 국왕의 아버지, 이븐 사우드에게는 89명(남자 52명, 여자 37명)의 자식이 있다. 이 중 막내는 이븐 사우드가 일흔한 살일 때 태어났다. 100개가 넘는 사우디아라비아의 주요 부족마다 아내가 있었다고 하니 자식의 수는 정식으로 발표했던 89명을 넘어 200~300명이 있다고 해도 이상하지 않다.

사우디아라비아는 극단적인 남성중심 사회로 여성에 관한 정보가 공표되는 일이 적어서 이븐 사우드의 아내가 실제로 몇 명 있는지 정확하게 밝혀지지는 않았다. 어쨌든 아내와 자식의 수가 어마어마한 것만은 사실이다.

이븐 사우드는 사우디아라비아를 통일하고, 1932년에 사우디아라비아('사우드의 아라비아'라는 의미) 왕국을 건국했다. 이후 이븐 사우드의 자식들이 사우디아라비아 왕위를 계승했다. 현 살만 국왕은 사우드의 25번째 아들로 제7대 왕이다.

이븐 사우드와 프랭클린 루스벨트 미국 대통령. 1945년, 수에즈 운하에서. 이븐 사우드는 영국, 미국 사이에서 절묘한 줄타기를 하며 왕국의 지배를 공고히 했다.

지금까지는 이븐 사우드의 자식들이 왕위를 계승했으나 살만 국왕은 자신의 아들인 무함마드를 왕세자로 책봉하여 이븐 사우드의 손자 대에서 처음으로 왕위가 계승될 것으로 전망되고 있다.

렌티어 국가란

사우디아라비아의 왕족은 이븐 사우드의 자식 89명과 그 가족까지 수천 명에 이른다. 그들은 유럽의 성과 궁전을 소유하고 최고급 레스토랑의 셰프들을 고용하는 등 호화로운 생활을 하는 것으로 유명하다. 특히 프랑스를 좋아해서 최근 몇 년 사이에는 현지 부동산을 마구잡이로 사들인다는 소문도 있다. 실제로 2017년에 공주 한 명이 파리에서 3천만 달러가 넘는 초호화 아파트를 사들여 화제가 되었다.

그들은 사우디아라비아 국내에서도 호화롭기 짝이 없는 궁전과 별궁을 소유하고 있다. 사우디아라비아 국왕의 자산은 약 180억 달러로 태국 왕실(약 300억 달러), 브루나이 왕실(200억 달러)에 이어 세계 3위다.

사우디아라비아 왕실의 재원은 석유다. 사우디아라비아의 석유 생산량은 연간 56억 1,716만 톤으로, 미국의 57억 1,035만 톤에 이어 세계 2위다(2017년). 이 막대한 오일머니의 이권을 왕실이 쥐고 있는 셈이다. 하지만 몇 년 사이 석유가격의 침체가 지속되면서 왕실 재정도 핍박받고 있다.

절대 왕정인 사우디아라비아에서는 왕실이 국가재정을 운영한다. 재정을 긴축하기 위해 공공사업 예산을 대폭 줄이고 조성금과 공무원 수도 삭감했다. 왕족에게 지급되는 연금도 줄일지 모른다는 관측도 있다.

사우디아라비아처럼 석유 등의 천연자원을 국왕이 관리하며 국민에게 이익을 분배하는 시스템을 가진 나라를 '렌티어 국가rentier state'(지대추구형 국가 혹은 지대 국가라고도 한다. - 옮긴이)라고 한다. 영어로 '렌티어rentier'는 '불로소득자'를 가리킨다. 아라비아반도의 군주국가는 전부 이런 '렌티어 국가'에 해당한다.

국왕은 쾌적한 생활을 보장하고 풍부한 석유수입을 배당한다. 공공사업을 펼치고 복지제도를 충실히 마련해 의료와 교육을 무상으로 제공한다. 세금은 극단적으로 낮고 각종 조성금과 연금수당이 높으며, 전기와 수도요금 등 공공요금이 공짜나 다름없다. 국민이 일하지 않아도 생활할 수 있다고 해서 '렌티어 국가'라고 한다.

다만 그 대신에 국민은 국왕에게 복종하지 않으면 안 된다. 그래서 사우디아라비아 국왕은 절대적인 권력을 갖고 있다.

다만 아무리 렌티어 국가가 풍요롭다고는 하나, 국민의 대다수는 일이 없어서 가난한 상태다. 공무원의 급여는 아주 높고 일부 부유한 국민이 있긴 하지만 대다수의 국민은 그렇지 않다.

왕족의 오만과 싸우는 무함마드 왕세자

최근 원유가격의 하락 속에 사우디아라비아의 경제는 악화되고 있으며 국민은 점점 빈곤해지고 있다. 왕족은 국민의 비판이 두려워 스위스의 은행구좌에 자산을 숨겨놓았다고 한다. 사우디아라비아 국민의 왕실에 대한 불만이 커지고 있으며 이런 분위기가 도화선이 되어 2010년 말 '아랍의 봄'(튀니지에서 일어난 대규모 시위를 시작으로 이집트, 리비아, 시리아 등 아랍 세계로 번진 민주화 운동 – 옮긴이)과 같은 민주화 운동이 일어날 가능성도 있다.

왕족의 오만한 행태에 위기감을 느끼고 개혁을 단행하고자 하는 이가 살만 국왕의 아들 무함마드(무함마드 빈 살만) 왕세자다.

살만 국왕은 나이가 많아 건강 불안설도 돌고 있다. 그는 이븐 사우드의 아들을 우선적으로 왕위계승자로 한다는 규칙을 깨고 자신의 아들을 왕위계승자로 정했다. 동시에 유력한 왕족을 정부의 요직에서 배제했다.

이러한 살만 국왕의 조치에 왕족들은 맹렬히 반발했다. 2017년 무함마드 왕세자는 불만을 품은 왕족의 일부를 수뢰 혐의로 체포했다. 개혁에 이의를 제기하는 자는 용서하지 않으리라는 각오를 드러낸 것이다.

무함마드 왕세자는 살만 국왕에게 전권을 위임받고 경직된 관료 제도를 타파하고 석유에 의존하는 경제에서 탈피해 새로운 시장을 형성하려고 한다. 이러한 개방정책의 일환으로 여성의 자동차 운전을 허용했다.

또한 국영 석유회사 사우디 아람코를 민영화하고 주식을 공개하려고 한다. 하지만 사우디 아람코가 뉴욕과 런던의 증권거래소에 상장하여 감사에 들어가면 정부와 왕족에게 흘러들어간 자금 흐름이 유출될 것이라며 왕족들은 심하게 반발하고 있다.

조만간 무함마드 왕세자가 살만 국왕에게 왕위를 물려받으리라 예상했으나 반체제 언론인 자말 카슈끄지가 2018년 10월 터키주재 사우디아라비아 총영사관에서 살해된 사건이 발생했다. 그리고 이 사건에 무함마드 왕세자가 관련되었을지도 모른다는 보도가 나왔다.

카타르 군주는 왕이 아니라 아미르

무함마드 왕세자는 과거의 이븐 사우드와 마찬가지로 미국과의 연대를 중시한다. 반면에 사우디아라비아는 경쟁관계에 있는 이란과는 대립하고 있다. 미국의 트럼프 대통령도 이란에 대한 적대정책을 펼치고 있으므로 사우디아라비아와 이해가 일치하여 전면적으로 지원하고 있다.

또한 사우디아라비아는 인접국 카타르와도 분쟁상태에 있다. 카타르의 타니가는 사우디아라비아와 뜻이 맞지 않았고 사우드가에 대항하기 위해 사우드가의 적인 이란과 연대했다. 그것이 오늘날까지 계속되고 있다.

카타르의 타니 왕조는 1825년에 타니 빈 무함마드가 세웠다. 타니가의 수장은 왕이 아니라 한 단계 아래인 아미르다.

카타르는 원래 아랍에미리트 연합국의 일원이었다. 1968년 영국이 철수를 선언하자 페르시아만 연안에 위치한 여러 소국들이 연합하여 1971년 연방 국가인 아랍에미리트 연합국을 결성했다. 당초 카타르도 연합국에 들어갔으나 바레인과 함께 석유생산량이 많아 독립이 가능하다는 판단하에 중도 탈퇴 후 독립했다.

그래서 카타르의 국왕은 독립한 국가의 군주로서 오늘날까지 아미르를 표방하고 있다. 카타르의 정식 명칭은 카타르국으로, 현재 아미르는 8대째인 타밈 빈 하마드 알 타니다.

| 그림 19-1 | 아라비아반도에 위치한 국가

터키

시리아

레바논

이라크

이스라엘

요르단

이란

★바레인

★쿠웨이트

★카타르

UAE

★사우디아라비아

★오만

예멘

★표시는 왕실(군주)이 남아 있는 국가

카타르는 20세기 전반에 다른 만 연안에 위치한 소국들과 마찬가지로 영국의 보호 아래 있었다. 제2차 세계대전 후에는 석유수출로 발전을 이루었고 1990년대에는 석유에만 의지하던 경제를 개혁해 관광산업 육성에 주력했다. 그 결과 수도 도하에 많은 관광객들이 모이면서 도시가 활성화되었다. 항공회사인 카타르 항공도 비약적으로 점유율을 확대했다.

유명한 위성방송국 알자지라는 타니가가 출자하여 설립한 방송국이다.

왕국으로 바꾼 바레인

카타르와 마찬가지로 1971년 아랍에미리트 연합국에서 이탈한 바레인은 '왕국'이다. 하지만 페르시아만의 바레인섬을 주도로 하는 크고 작은 33개의 섬으로 구성된 섬나라 바레인은 당초 바레인국으로 왕국이 아니었다.

바레인의 군주인 할리파가의 수장은 카타르와 마찬가지로 아미르라고 칭했다. 할리파가는 원래 카타르의 호족이었으나 18세기 말에 바레인섬에 들어가 터전을 잡고 지배권을 확립했다. 한때 이란의 지배를 받다가 19세기 말 영국의 보호 아래 들어가게 된다.

| 그림 19-2 | 바레인 주변의 지도

2000년에 들어서자 민주화 운동이 일어나 절대군주제에서 입헌군주제로 이행한다. 이에 따라 할리파가의 수장은 아미르에서 말릭(국왕)이 된다. 승격한 것처럼 보이지만 과거 아미르가 갖고 있던 절대 권력은 잃었다. 단, 국왕은 수상임면권과 일부 군사권을 갖는 등 일정한 권력은 유지했다. 이와 함께 2002년 국명을 바레인국에서 바레인 왕국으로 변경했다.

국왕은 하마드 빈 이사 알 할리파다. 국왕으로서는 초대 왕이고, 할리파가의 군주로서는 11대가 된다.

쿠웨이트의 실태는 절대군주제

쿠웨이트의 군주도 아미르를 표방했다. 그래서 쿠웨이트도 카타르와 마찬가지로 정식 명칭은 쿠웨이트국이며, 사바흐가가 역대 아미르 자리를 이어받아 현재에 이른다.

사바흐 왕가는 아라비아반도 중앙 지역의 호족이었으나 18세기에 쿠웨이트로 이주하여 쿠웨이트의 아미르가 된다. 그 후 오스만 제국에 편입되지만 19세기 말 영국의 보호국이 된다. 그리고 제1차 세계대전에서 오스만 제국이 패하면서 오스만 제국령이었던 이라크와 함께 영국의 위임통치령(사실상의 식민지)이 된다.

1961년 쿠웨이트는 영국으로부터 독립하여 입헌군주 국가가 되고, 현재 아미르는 15대인 사바흐 4세다.

쿠웨이트의 입헌군주제는 명목상에 불과하고 실제로는 아미르가 실권을 쥐고 있다. 1986년 이후 일방적으로 폐쇄된 국민의회의 재개를 요구하며 대규모 민주화 운동이 일어나면서 정부와 격렬하게 대립했다.

인접국인 이라크는 영국과 미국의 사정으로 분리되었던 쿠웨이트를 반환하라고 요구했다. 1990년에 쿠웨이트에서 민주화 운동이 일어나자 이 혼란을 틈타 이라크의 사담 후세인 대통령이 쿠웨이트를 침공해 일시 합병한다. 이듬해 미국을 중심으로 한 다국적군과 이라크와의 사이에 걸프 전쟁이 발발하고, 이 전쟁으로 이라크군이 쿠웨이트에서 물러났다.

▍오만의 군주는 술탄

페르시아만 지역에서 옛날부터 가장 강대한 힘을 가진 나라는 오만이다. 오만은 페르시아만의 관문에 해당하는 호르무즈해협을 끼고 페르시아만 전역에 제해권을 갖고 있었다. 페르시아만으로 이어지는 인도 항로와 아프리카 항로까지 제압하며 인도와 동아프리카와의 해상교역으로 번성했다.

18세기에 부사이드 왕가의 지배가 공고해지면서 현재에 이른 오만은, 19세기 전반 동아프리카 연안의 무역거점인 잔지바르를 지배하며 동아프리카 연안 일대를 합병했다. 오만은 동아프리카에 걸친 해상 제국이 되자 스스로 '오만 제국'이라 불렀고, 부사이드 왕조의 군주는 '술탄'의 칭호를 사용하게 된다.

술탄은 이슬람 세계에서 황제와 왕이란 의미로 쓰이는데, 좁은 의미에서 황제다. 부사이드가의 군주는 스스로 술탄이라 칭하며 오스만 제국의 술탄에 대항했다. 19세기 후반, 영국 해군이 진출하면서 오만 주변의 제해권을 장악하자 오만은 급속도로 쇠퇴하며 동아프리카의 지배권도 잃었다.

| 그림 19-3 | 오만 제국의 영역

1891년에 영국의 보호국이 되었다가 1971년 오만이 영국 보호령에서 완전히 독립했다. 이후 부사이드가가 술탄의 자리를 계승하고 절대군주제를 채택했으나 과거처럼 제국을 표방하지 않고 나라 이름을 오만으로 정했다. 현재 술탄은 14대인 카부스 빈 사이드 알 사이드다.

오만의 술탄은 수상, 국방상, 외상, 재무국을 겸임하는 독재권을 갖고 국민에 군림하고 있다. 그러한 까닭에 2011년 '아랍의 봄'의 영향을 받아 반정부·민주화 운동이 일어나기도 했다.

무함마드의 후예가 세운 현대의 아랍 왕국

예언자 무함마드의 자손은 현존하는가

이란의 지도자 중에 검은색 터번을 두른 사람과 흰색 터번을 두른 사람이 있다. 현 대통령 하산 로하니는 어느 쪽일까? 흰색 터번이다. 이란에는 대통령과는 별도로 종교 최고지도자가 있다. 이 지위에 있는 아야톨라 알리 하메네이는 검은색 터번을 둘렀다. 하메네이 전의 최고지도자 아야톨라 루홀라 호메이니(이란의 종교지도자이자 정치가, 이란 혁명을 주도하고 이란 이슬람 공화국을 성립시킨 최고지도자 – 옮긴이)와 모하마드 하타미(이란의 정치가로 여성과 이란 인구의 절대 다수를 차지하는 학생 청년층으로부터 많은 지지를 받았다. – 옮긴이) 전 대통령도 검은색 터번을 둘렀다.

이란처럼 이슬람 시아파의 나라에서 검은색 터번은 중요한 의미를 갖는다. 검은색 터번을 두를 수 있는 사람은 사이이드Sayyid의 법학자뿐이다. '사이이드'란 아라비아어로 '핏줄'을 뜻하며, 이슬람의 예언자 무함마드의 혈통을 이어받은 자손을 의미한다. 이에 속하지 않은 자는 흰색 터번을 둘러야 한다.

하지만 그들이 정말로 무함마드의 핏줄을 이어받았는지 검증할 방법은 없다. 또한 사이이드라고 인정되는 범위와 정의도 시대와 지역에 따라 천차만별이다. 참고로 이슬람국가IS의 수장 아부 바크르 알 바그다디도 검은색 터번을 두르고 스스로 '사이이드'라고 했다.

어쨌든 이슬람 세계에서 지배자가 가진 통치권은 예언자 무함마드로부터 파생된 것이다. 따라서 무함마드의 핏줄에 가까운 사람이야말로 지배자로서의 정통성을 갖는다고 여긴다. 사이이드의 혈통이 정치적으로 중시되는 이유다.

이슬람 혈통의 근거

예언자 무함마드에게는 13명의 아내와 7명의 자식이 있었다고 한다. 하지만 아들이 요절하는 바람에 딸 파티마가 후계자가 된다. 파티마는 일족인 알리 이븐 아비 탈리브와 결혼하여 하산과 후세인이라는 두 아들을 낳는다. 무함마드의 나머지 딸은 아들이 없어서 무함마드의 피를 이은 것은 파티마의 가족뿐이다.

무함마드가 속한 가계는 하심가로 무함마드의 증조부 하심을 조상으로 모신다. 하심가는 메카를 통치하는 씨족이었던 쿠라이시족 중에서도 명문가계였다.

632년 무함마드가 세상을 떠나자 선거로 후계자를 결정한다. 이 후계자를 가리켜 '칼리프caliph'(무함마드의 대리인)라 하고 632년부터 661년까지 4대에 걸쳐 선거로 선출했다. 이 4대 칼리프를 '정통 칼리프'라 부른다.

| 그림 20-1 | 무함마드 관련 가계도

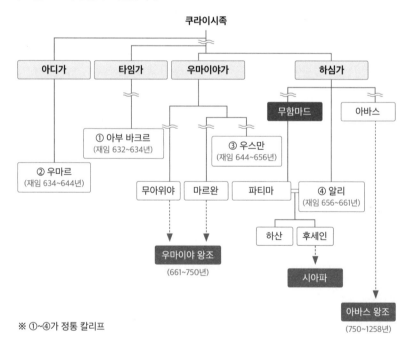

※ ①~④가 정통 칼리프

무함마드의 대두에 공헌한 초대 칼리프 아부 바크르는 하심가와 먼 친척이 되는 타임가 출신이다. 2대 칼리프 우마르는 더 먼 친척인 아디가 출신이고 3대 칼리프 우스만은 우마이야가 출신이다. 끝으로 4대 칼리프는 무함마드의 사위인 알리가 된다.

이 중 무함마드의 딸 파티마와 그 사위 알리의 자손만을 정통 무함마드의 후계자로 인정하는 사람들을 '시아 알리(알리의 신봉자)', 줄여서 시아파라고 한다.

하심가는 그림 20-1처럼 알리의 가계와 아바스의 가계로 나뉜다. 750년 아바스의 가계가 아바스 왕조를 창시하고 아바스가를 표방하자 더는 하심가로 불리지 않게 된다. 즉 하심가는 알리의 가계로만 남게 된 것이다.

파티마와 알리의 아들 하산계 자손을 '샤리프sharif'라 하고, 후세인 계열의 자손을 '사이이드'라 부르는 것이 일반적이다. 샤리프도 사이이드와 마찬가지로 아라비아어로 '핏줄'이라는 뜻이다.

무함마드 손자인 하산의 핏줄

알리의 가계, 즉 하심가가 칼리프의 자리를 물려받아 무함마드의 핏줄을 계승하는 것이야말로 누가 봐도 명백하게 정통성을 잇는 길이었다. 하지만 우마이야가의 무아위야는 힘을 키워서 알리를 암살하고 661년 스스로 '칼리프'라 칭하며 우마이야 왕조를 창시했다. 이후 칼리프의 자리는 우마이야가에 세습된다.

한편 하심가의 핏줄은 어떻게 되었을까? 하산과 후세인 형제 중 형인 하산은 자손을 많이 낳은 것으로 추정된다. 성 의존증이 있던 하산은 닥치는 대로 여성과 성적 관계를 맺었다고 하는데, 하산이 관계한 여성과 낳은 자식에 대한 기록이 남아 있지 않아서 자세한 내용은 알 수 없다.

후세인 빈 알리. 1920년대. 무함마드의 손자 하산의 후예이자 하심가의 수장으로 '메카 아미르'다. 후세인 - 맥마흔의 서신을 통한 선언이 이행되지 않으면서 영국에 배신당했다.

하산의 자손들은 이슬람의 성지 메카의 샤리프가 되었고, 그 지위는 '메카 아미르Emir of Mecca'(메카 태수 혹은 메카 샤리프라고도 한다.-옮긴이)로 계승된다.

메카 아미르는 하산의 후예에게 대대로 계승되다가 20세기에 유명한 인물이 등장한다. 바로 후세인 빈 알리다. 이 인물은 제1차 세계대전 중인 1915년 영국과 후세인-맥마흔 서한(영국의 이집트 주재 고등판무관 헨리 맥마흔이 아랍의 정치지도자 후세인 빈 알리에게 보낸 전시 외교정책에 관련한 서한으로 오스만 제국의 영토인 팔레스타인에 아랍인들의 국가를 세우는 것을 지지한다는 내용이 담겨 있다. 그러나 그 후 1916년 맺어진 사이크스-피코 비밀 협정과 팔레스타인에 유대 민족의 국가 설립을 지지한다는 밸푸어 선언은 맥마흔 선언과 모순되는 내용이었다. 이 같은 영국의 모순된 외교정책은 후에 이스라엘-팔레스타인 분쟁을 초래하였으며, 그 분쟁은 현재까지도 계속되고 있다. -옮긴이)을 체결한 인물로 유명하다.

하산은 669년에 세상을 떠났다. 1200년이 넘는 하산의 계보는 검증이 불가능하여 후세인 빈 알리가 정말로 하심가의 핏줄을 이었는지 아닌지는 확인할 수 없으나 이슬람 세계에서는 핏줄이었다고 본다.

▌ 알리의 혈통을 이어받은 이맘

한편 하산의 남동생인 후세인에 관해서는 그 계보가 어느 정도 알려져 있다. 후세인의 계보는 그림 20-2처럼 크게 세 계열로 나눌 수 있다. 이스마일파, 12이맘파, 자이드파의 세 계열이다.

후세인은 아버지 알리의 원수를 갚기 위해 우마이야 왕조 세력과 싸우다가 죽음을 당한다. 이 후세인의 자손들을 알리의 정식 계승자로 보는 사람들이 시아파다. 시아파는 이슬람교 다수파인 수니파보다 급진적인 주장을 해 수니파와 자주 대립한다.

시아파는 알리를 초대 '이맘Imam(지도자란 뜻)'으로 추대했다. 이 이맘의 자리가 어떻게 계승되었는지에 따라 3개의 파(이스마일파, 12이맘파, 자이드파)로 주장이 나뉜다.

이 3개의 파 중에서 가장 다수파가 이란과 이라크를 중심으로 많은 신자를 보유하고 있는 12이맘파다. 12이맘파는 초대 알리부터 해서 12대 무함마드 알 마흐디까지 열두 명이 이맘이라고 주장하는 파다. 이스마일파는 일곱 명이 이맘이라고 주장한다.

| 그림 20-2 | 후세인 시아파의 계보

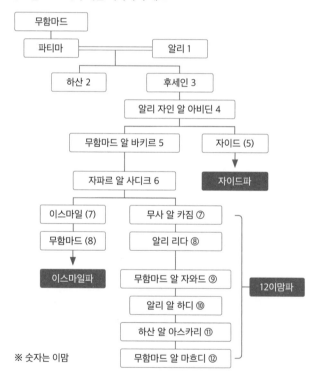

이스마일파, 12이맘파는 모두 계승자가 끊어졌는데 이들 일파는 이맘이 죽음으로서 끊어진 것이 아니라 사람들 앞에서 자취를 감추고 숨어버려 끊어졌다고 주장한다. 이 '사라짐(은둔)'을 가리켜 '가이바Ghaybah'라고 한다. 가이바 상태에 있는 이맘은 최후의 심판 날에 이 세상에 재림한다고 본다.

그리고 과거 이맘들의 가족과 그 자손들, 그들의 핏줄을 이은 자를 사이이드라고 한다.

▌이라크, 사우디아라비아의 기원

하산의 후예인 하심가는 앞에서 설명한 대로 메카 아미르로서 메카와 메디나를 중심으로 아라비아반도 서안의 헤자즈 지역을 지배했다. 하심가의 유력자인 후세인 빈 알리는 1915년에 후세인–맥마혼 서한을 통해 영국과 손을 잡는다. 그리고 1916년 영국의 지원을 받아 헤자즈 왕국을 건국한다.

영국은 후세인–맥마혼 서한을 통해 오스만 제국의 지배하에 있던 아랍 지역의 독립을 약속한다. 하지만 제1차 세계대전 후 그 약속은 지켜지지 않았다. 영국은 오스만 제국령이었던 이라크와 요르단을 재빨리 지배하에 두었고, 시리아와 레바논은 프랑스령이 되었다.

영국과 프랑스의 지배를 받던 이들 아랍 지역을 '위임통치령'이라

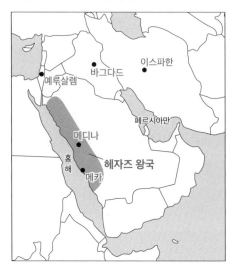

| 그림 20-3 | 헤자즈 왕국의 주변

고 한다. 위임통치란 국제연맹의 위임을 받아서 통치를 담당하는 것으로, 사실상 영국과 프랑스의 식민지나 다름없었다.

여기에 맹렬히 반발하던 하심가를 달래기 위해 영국은 다음과 같은 조치를 취한다. 1921년, 후세인 빈 알리의 차남 압둘라를 요르단 왕에 앉히고 삼남인 파이살을 이라크 왕에 앉힌 것이다. 하지만 이때 요르단과 이라크는 영국의 위임통치령에서 독립한 국가가 아니어서 요르단 왕과 이라크 왕은 영국의 꼭두각시에 불과했다.

제1차 세계대전 후에는 영국의 지원을 받은 아라비아반도 중부의 지배자 사우드가가 급속도로 세력을 키우며 하심가와 적대관계를 이룬다. 세력 다툼 끝에, 후세인 빈 알리는 사우드가의 이븐 사우

드의 공격을 받고 키프로스섬으로
유배된다. 왕위는 장남 알리가 이어
받는다.

1925년 이븐 사우드는 하심가
의 헤자즈 왕국을 멸망시키고 메카
의 보호권을 빼앗는다. 헤자즈 왕

| 그림 20-4 | 하심가의 파생

국의 왕 알리는 동생 파이살이 있는 이라크로 도망쳤다. 이로써 하
심가의 헤자즈 왕국은 2대 9년 만에 막을 내린다.

한편 사우드가는 그 후에도 세력을 확대하여 아라비아반도를 통
일하고 1932년 사우디아라비아 왕국을 건국하여 오늘날에 이른다.
사우드가는 무함마드의 가계와는 아무런 관계가 없다.

영국의 꼭두각시였던 이라크 하심 왕조

후세인의 삼남 파이살 1세는 유능한 인물이었다. 파이살은 후세
인-맥마흔 서한을 파기하고 아버지를 배신한 영국을 멀리하는 대신
가까이에 두고 외교적 거래에 이용했다.

그 결과 파이살은 앞에서 설명한 대로 1921년 영국의 지원을 받
아 이라크 국왕에 올라 이라크 하심 왕조를 열었다.

그 후 이라크에서는 영국의 식민지 지배(위임통치)에 맞서 격렬한

저항 운동이 일어난다. 영국은 이를 진압하는 대신 1932년 이라크의 독립을 인정하고 국왕인 파이살에 이라크를 위임한다. 영국은 일단 이라크에서 물러났으나 이후에도 배후에서 영향력을 행사했다.

1932년 이라크 왕국이 독립하지만 실상은 영국의 꼭두각시나 다름 없었다. 이에 국민의 반영의식은 더욱 강해진다. 1958년 군인 아브드 알 카림 카심(카셈)이 반영·반미를 내세우며 혁명을 일으키고 카심 군사정권을 세운다. 이 일로 하심 왕조는 붕괴된다.

하지만 1933년 파이살이 병사한 후에도 그의 아들이 2대 왕에 오

파이살 사절단. 1919년, 파리강화회의 중 베르사유 궁전에서. 중앙에 파이살(당시 왕세자), 오른쪽 뒤에 있는 사람이 T. E. 로렌스(아라비아의 로렌스)다. 파이살은 로렌스를 영국과의 연락 통로로 활용했다.

르며 명맥은 유지한다. 그러다가 3대인 파이살 2세(파이살의 손자)가 카심의 쿠데타 부대에 총살당하자 왕족 일부가 사우디아라비아로 도망치면서 하심 왕조는 역사의 무대에서 완전히 사라진다.

카심 군사정권은 반영·반미를 내세웠다. 카심을 위험분자라고 본 미국은 반카심인 바트당을 지원했다. 1963년 바트당의 쿠데타가 성공하면서 바트당 정권이 수립되고, 이 바트당 안에서 두각을 나타내며 1979년 대통령에 취임한 인물이 사담 후세인이다.

▎문벌을 자랑하는 요르단 하심 왕조

1921년, 후세인 빈 알리의 차남 압둘라는 요르단 국왕에 즉위한다. 이후 압둘라부터 압둘라 2세 현 국왕에 이르기까지 하심가 국왕이 4대째 계속되고 있다.

요르단도 역시 이라크와 마찬가지로 영국의 위임통치령이었다. 요르단의 정세는 비교적 안정적이어서 25년간 영국의 지배가 계속되다가 1946년에 독립한다.

1949년 요르단은 공식명칭을 '요르단 하시미테 왕국'으로 정했다. 하시미테란 '하심의'라는 뜻이다. 요르단 왕실은 무함마드 직계 가계인 하심이라는 점에 자부심을 갖고 있으며, 자신들의 왕실은 다른 왕실과 격이 다르다고 생각한다.

하심가의 왕들(1920년대). 앞줄 왼쪽부터 순서대로 알리(헤자즈 왕), 압둘라(요르단 왕), 파이살(이라크 왕).

초대 국왕 압둘라는 독립한 후에 예루살렘을 포함한 요르단강 서안지구를 자기네 땅이라 주장하며 스스로 '팔레스타인의 왕'이라 칭했다. 그리고 실제로 1950년에는 예루살렘을 포함하는 요르단강 서안지구를 손에 넣었다. 이 일로 압둘라는 팔레스타인 내 과격파의 반발을 사서 1951년 예루살렘을 방문하는 도중 암살되었다. 1967년에는 제3차 중동 전쟁으로 요르단강 서안지구를 이스라엘에 빼앗긴다.

1952년, 헌법이 제정되고 국왕을 원수로 하는 입헌군주제 국가로 변신한다. 국왕은 수상임명권을 갖고 있으며 일정한 수준으로 권력을 계속 유지하고 있다.

그 외에도 1918년부터 1962년에 존재하던 예멘 왕가는 하심가의 혈통(후세인의 손자 자이드의 자손)을 이었다고 한다.

▧ 요르단 역대 국왕(하심왕조)

국왕	재위 기간
압둘라 1세	1921~1951년
탈랄 1세	1951~1952년
후세인 1세	1952~1999년
압둘라 2세	1999년~현재

897년 자이드파의 이맘이 예멘에 거점을 둔 후 그 자손이 대대로 이맘을 계승했고 1000년이 지난 1918년 당시 이맘이 오스만 제국으로부터 독립을 선언, 예멘 왕국을 건국한다. 하지만 1962년에 쿠데타로 군주제가 타도되고 하심가는 왕위에서 물러난다. 현재 예멘은 대통령제를 바탕으로 한 공화국이다.

술탄과 샤는
왜 사라졌는가

▎칼리프와 술탄의 차이

아바스 왕조 최후의 칼리프 알 무스타심은 몽골 세력에 붙잡혀서 감시당한다. 몽골인들은 "네 놈이 쌓아둔 금은보화를 먹고 살아라"라며 하루 세 끼 대신에 금은과 보석을 담은 큰 접시를 독방에 넣었고 머지않아 무스타심은 굶어 죽었다.

무스타심은 금은보화에 집착했다. 훌라구 칸이 이끄는 몽골 세력이 들이닥치는 상황에서도 병사들에게 식량도 제대로 지급하지 않고 재물만 축적했다. 병사들은 칼리프에 대한 충성심을 잃고 무기를 버리고 도망쳤다.

1258년 훌라구는 아바스 왕조의 수도 바그다드를 점령했다. 훌라구는 무스타심의 인색함과 무능함을 매도했다. "국가와 병사보다 금은보화가 더 중한가!" 훌라구는 무스타심에게 굴욕을 주기 위해, 금은보화가 듬뿍 담긴 큰 접시를 주고 굶겨 죽였다.

몽골의 처형의례에 준하여 융단에 둘둘 말려 기병에 짓밟혀 죽었다는 설도 있다. 어쨌든 칼리프의 권위는 땅에 떨어졌다.

칼리프는 무함마드가 죽은 후, 무함마드의 대리인으로서 이슬람 세계에 군림했다. '칼리프Caliph'는 '할리파Khalifa'라는 아라비아어를 영어로 읽은 것으로 '대리인', '후계자'라는 의미가 있다. 정통 칼리프 시대를 거쳐 우마이야 왕조(661~750년), 아바스 왕조(750~1258년)의 군주에게 칼리프 자리가 계승되었다. 하지만 시대가 지나면서 칼리프는 부패하여 인심을 잃었다.

이슬람 세계에는 칼리프 외에 술탄이라는 권위자도 있었다. 술탄은 아라비아어로 '권위'라는 의미를 갖고 있으며 황제를 가리킨다(넓은 의미로 왕도 포함되었다).

11세기 이슬람 세계를 지배하던 아바스 왕조의 힘이 약해지자 칼리프의 지배력도 힘을 잃었다. 이에 칼리프는 외부에서 온 터키인 세력에 통치권을 위임하고, 그 수장에게 술탄이라는 칭호를 내린다. 초대 술탄은 강한 군대를 이끌던 토그릴 베그로 셀주크 왕조의 창시자다.

이후로 칼리프는 종교적 지도자로 남고 세속의 통치권은 술탄이 담당했다. 그래서 칼리프와 술탄의 관계는 서양의 교황과 황제의 관계에 비유된다.

오스만 제국의 칼리프 강탈

11세기에 강한 세력을 자랑하던 셀주크 왕조에서 갈라져 나와 군단을 형성하며 새롭게 등장한 오스만 베이는 소아시아의 아나톨리아반도를 본거지로 1299년 오스만 제국을 건국했다. 오스만 베이는 셀주크 왕조의 후계자로서 술탄(황제)을 자칭하고 오스만 1세가 된다. 그의 자손은 대대로 술탄의 자리를 계승한다.

오스만 제국은 14세기에 비잔티움 제국의 영역인 발칸반도에 진출하여 아드리아노플을 공략한다.

나아가 1453년 비잔티움 제국의 수도 콘스탄티노플을 공략하여 1000년 동안 지속되던 비잔티움 제국을 멸망시킨다. 그리고 콘스탄티노플을 이스탄불이라 개칭하고 제국의 수도로 삼는다.

9대 술탄인 셀림 1세는 군대의 총무장화를 적극적으로 추진한다. 그 결과 1514년에는 이란의 사파비 왕조를, 1516년에는 이집트의 맘루크 왕조를 정복하고 이슬람의 패권을 쥐었다. 셀림 1세는 1517년 맘루크 왕조로 망명한 아바스 왕조 최후의 칼리프를 생포한다.

아바스 왕조는 앞에서 소개한 대로 1258년 무스타심 시대에 멸망했다. 이 아바스가의 왕족 중에 생존한 사람이 맘루크 왕조의 비호를 받으며 칼리프 자리를 계승한다.

셀림 1세는 그 살아남은 칼리프에게 칼리프 자리를 빼앗은 후, 술탄이 칼리프를 겸하는 술탄·칼리프 제도를 수립한다. 요컨대 오스만 제국의 군주가 술탄(정치지도자)과 칼리프(종교지도자)의 권위를 겸한 이슬람 최강의 군주가 된 것이다.

술탄과 칼리프의 자리는 오스만 제국의 군주에게 대대로 계승된다. 원래 칼리프는 혈통을 중시하여 무함마드의 후계자인 우마이야가와 아바스가에 대대로 계승되었다. 그런데 그 칼리프 자리가 오스만 제국의 군주에게 넘어가며 무함마드와는 아무런 관계가 없는 터키계 이민족에게 계승된 것이다.

그때까지는 정치지도자인 술탄을 실력자가 담당한다 해도 종교지도자인 칼리프는 혈통 원리에 따라 그 정통성이 보장되었다. 하지만 이슬람은 셀림 1세가 술탄·칼리프 제도를 만든 이후 혈통 원리를 잃었다.

본래 이러한 혈통 원리가 무너지면 대혼란이 발생하게 된다. 하지만 오스만 제국은 이슬람 민족에게 세금을 감면해주는 등 관대한 정책을 펼치면서 이슬람 세계를 하나로 묶는 데 성공한다. 특히 무함마드의 혈통과 가까운 아랍인들의 반발을 고려해 다양한 은혜를 베풀었는데 그것이 톡톡히 효과를 보았다.

오스만 제국의 멸망

셀림 1세의 아들 10대 술탄 술레이만 1세 시대인 16세기 전반에

오스만 제국은 최전성기를 맞는다.

술레이만 1세는 헝가리를 정복하고 이 땅을 발판으로 삼아 유럽 깊숙이 진격하여 1529년에 합스부르크 신성로마 제국의 본거지인 빈을 포위한다. 이때 오스만 제국은 빈을 공략하지는 못했으나 유럽을 뒤흔들었다.

이후로 17세기 중반까지는 오스만 제국의 강세가 계속된다. 하지만 1683년 제2차 빈 포위 실패로 헝가리를 잃고 점차 쇠퇴하여 19세기에는 급기야 유럽 열강의 침략을 받는다. 이때 근대화를 시도했으나 어중간하게 끝나서 좌절한다.

술레이만 1세. 1530년, 빈 미술사 박술관 소장. 노예 휴렘을 후궁으로 들이고 총애하여 황후로 삼았다. 훗날 휴렘과 다른 비들이 자신의 아이를 술탄의 후계자로 만들기 위해 격렬하게 싸웠고 이에 조정의 대신들도 말려들어 정국이 혼란에 빠졌다.

오스만 제국은 영국의 침략에 대항하기 위해 제1차 세계대전에서 독일의 편을 들었다가 패한다. 술탄 메흐메트 6세는 이라크, 팔레스타인, 요르단을 영국에, 시리아, 레바논은 프랑스에 할양한다.

메흐메트 6세의 타협적인 태도에 분노한 장군 무스타파 케말은 맹렬히 반발하고 오스만 제국 정부에 맞서 임시정부를 세운다. 이에 메흐메트 6세는 케말을 역적으로 매도하고 둘은 격렬하게 대립한다.

결국 케말의 임시정부군이 오스만 제국의 정부군을 격파하고 실권을 장악한다. 1922년 케말은 술탄제와 칼리프제를 분리하여 술탄제를 폐지한다고 선언한다. 이렇게 해서 623년이나 지속된 오스만 제국은 멸망한다.

이듬해 터키 공화국이 성립되고 케말이 초대 대통령으로 취임한다. 이와 함께 수도는 이스탄불에서 앙카라로 이전한다.

오스만가를 용서하지 않았던 무스타파 케말

최후의 술탄은 36대로 케말을 역적으로 매도했던 메흐메트 6세였다. 메흐메트 6세는 몰타섬에 망명한 후 "내 하렘(후궁)에 있는 사랑스러운 다섯 아내를 내 곁으로 보내다오"라는 말을 남겼다. 이 발

돌마바흐체 궁전을 떠나는 메흐메트 6세(1922년)

언만 봐도 오스만 제국의 술탄이 얼마나 타락한 생활을 보냈는지 알수 있다.

술탄은 폐지되었으나 칼리프의 자리는 메흐메트 6세의 사촌동생 압뒬메지트 2세에게 계승된다. 터키 공화국을 건설한 후에도 오스만가의 혈통을 칼리프로서 남겨야 한다는 여론이 있었기 때문이다. 케말도 이를 용인했다.

하지만 이것은 일시적인 조치에 불과했다. 케말은 터키의 근대화를 위해 이슬람주의를 버려야 하며, 칼리프라는 권위자를 남겨서는 안 된다는 생각을 갖고 있었다. 1924년 터키 공화국 헌법을 제정한 케말은 정치와 종교를 분리하기로 결심하고 칼리프제를 폐지했다.

632년 무함마드가 세상을 떠난 후 칼리프의 자리는 '무함마드의 대리인'으로서 1292년간 이어져 내려왔으나 케말의 손에 의해 단절된다. 이후 압뒬메지트 2세를 비롯한 오스만가의 황족은 국외로 추방된다.

과거 오스만가와 격렬하게 맞서 싸웠던 케말은 오스만가를 '조국의

압뒬메지트 2세. 1923년. 최후의 칼리프. 온화한 학자풍의 인물로 정치에는 관심을 표하지 않았으나 케말에 의해 폐위되었다.

적'으로 간주하고 결코 용서하지 않았다.

케말은 그 후 이슬람력을 폐지하고 태양력을 채용하며 여성해방 등의 근대화 정책을 펼쳤다. 또한 아라비아 문자를 폐기하고 터키어 표기를 로마자로 바꿨다. 이렇게 터키의 근대화에 힘쓴 케말에 대해 의회는 '아타튀르크(터키의 아버지)'라며 존경을 표했다.

한편 국외로 추방되었던 오스만가의 옛 황족들은 1992년 귀환이 인정되어 고향으로 돌아왔다. 현재는 대부분 터키 공화국에서 살고 있으며 이들을 대표하는 오스만가의 현 수장은 45대 된다르 알리 오스만이다.

레제프 타이이프 에르도안 현 터키 대통령은 '신오스만주의'를 표방하며 이슬람주의를 강화하면서 과거의 영광을 되찾기 위해 노력하고 있다.

이란의 왕 '샤'의 계보

이슬람 세계에서 술탄과 칼리프의 칭호 외에 중요한 칭호가 '샤 Shah'다. 샤는 페르시아어로 '왕'이란 의미다. 고대 아케메네스조 페르시아와 사산조 페르시아 시대 이래로 이란의 군주들이 사용하던 칭호다.

16세기 초, 이란인 이스마일 1세가 사파비 왕조를 창시했다. 이스마일 1세는 샤를 정식 칭호로 사용하고 정착시켰다. 시아파였던 사파비 왕조는 수니파의 오스만 제국과 싸웠다. 사파비 왕조의 역대 샤 중에는 오스만 제국의 군주 술탄(황제)에 대항하기 위해 '샤한샤(왕 중의 왕, 즉 황제)'라는 칭호를 내세운 이도 있었다.

사파비 왕조는 5대 샤였던 아바스 1세의 통치 시대에 새로운 수도 이스파한이 건설되고 최전성기를 맞는다.

이렇듯 샤의 자리는 역대 사파비 왕조 군주에게 계승되었다. 사파비 왕조가 멸망한 후에는 이란의 다음 왕조인 카자르 왕조(18세기 말 창시)와 팔레비 왕조(20세기 전반 창시)가 샤를 이어받았다.

제1차 세계대전 후, 군인 무함마드 레자 팔레비가 쿠데타로 실권을 잡고 1925년에 카자르 왕조를 멸망시킨다. 그리고 스스로 샤라 칭하고 팔레비 왕조를 창시했다. 이후 1935년 국명을 페르시아에서 이란으로 변경한다.

제2차 세계대전 중 레자 팔레비는 나치 독일과 가깝게 지냈는데 이걸 문제 삼은 영국과 프랑스의 압력으로 퇴위하고 아들인 무함마드 레자 팔레비가 샤에 즉위한다.

최후의 샤

무함마드 레자 팔레비는 영국의 자본으로 근대공업화를 추진한다. 개혁은 순조로워서 이란 민족자본이 성장했으나 그 과정에서 모순이 발생한다. 이란 민족자본이 성장하면 할수록 이권을 쥔 영국이 반발하면서 영국과 협조하던 무함마드 레자 팔레비에게 비판의 화살이 향하게 된 것이다.

이란 민족자본은 수상 모하마드 모사데크와 손을 잡고 1951년 영국 페르시아 석유회사(현재의 브리티시 페트롤륨)의 국유화를 선언하여 영국을 배제하려고 했다.

그러자 무함마드 레자 팔레비는 모사데크를 위시한 이란 민족자본에 대항하기 위해 영국만이 아니라 미국에도 도움을 청한다. 무함마드 레자 팔레비에게 지원 요청을 받은 미국은 지금이야말로 이란에 진출할 호기라고 여기고 모사데크파를 첩보활동과 무력으로 제거한다. 이후 미국과 영국은 이란에 대한 감시를 강화하고 국왕 무함마드 레자 팔레비와의 연대를 공고히 했다.

무함마드 레자 팔레비는 미국과 영국의 자금으로 '백색 혁명'이라 불리는 근대공업화를 추진하는데, '흰

두 번째 왕비 소라야의 담배에 불을 붙여주는 무함마드 레자 팔레비(1950년대). 경건한 시아파 교도가 많은 이란에서 왕이 왕비에 대해 이러한 행동을 취한 것 자체가 이란 국민의 반발을 사는 원인이 되었다.

색'은 우파 자본주의를 상징한다. 무함마드 레자 팔레비는 위로부터의 근내화를 강행했다.

하지만 다시 같은 모순이 발생한다. 공업화로 대두된 민족자본이 미국과 영국의 영향력을 배제하려고 한 것이다. 이란의 민족자본은 과거의 실패를 발판삼아 강력한 리더를 추대했다. 바로 시아파 최고 종교지도자 호메이니다. 이란 국민은 호메이니를 따라 미국과 영국을 배제하고자 들고 일어난다. 그 결과 1979년에 이란 혁명이 일어난다. 결국 무함마드 레자 팔레비는 퇴위하고 이집트로 망명한다. 이렇게 해서 고대 페르시아 이래, 이란에 군림해온 샤는 이 세상에서 사라진다.

1980년 호메이니의 지도하에 반미를 내건 이란 이슬람 공화국이 수립한다. 호메이니는 "미국 문화를 그만 모방하라. 엄격한 이슬람의 규범에 따르라"고 요청하며 무함마드 레자 팔레비의 근대화를 부정했다.

이란이 석유회사의 국유화에 나서 석유수출을 제한하자 석유의 국제가격이 급상승하면서 제2차 오일쇼크가 발생한다. 이 일로 미국과 영국은 이란에 대한 이권을 잃었다. 이에 미국은 호메이니 정권을 무너트리기 위해 인접국인 이라크를 전면 지원했고, 1980년에는 급기야 이란·이라크 전쟁이 시작된다.

이란과 미국의 대립은 지금까지도 계속되고 있다.

제 9 장

아프리카와 미국의 왕실

왜 아프리카에는
세 왕국밖에 남지 않았는가

▌반라 소녀들의 축제

황량한 대지에 열 살 가량의 소녀들 약 5만 명이 상반신을 드러내 놓고 춤을 추고 있다.

이는 아프리카에 있는 에스와티니 왕국(옛 이름 스와질란드 왕국)의 전통인 갈대 축제 '움랑가'의 모습이다. 영어로는 '리드 댄스'라고 부르는데, 소녀들은 큰 갈대(리드)를 베어 왕궁에 바치고 국왕 음스와티 3세 앞에서 춤을 선보였다.

일부다처제인 에스와티니에서 15명이 넘는 아내를 둔 음스와티 3세는 이 소녀들 중에서 새로운 아내를 선택하게 된다. 국왕에게 뽑힌 소녀와 그 일족은 부귀를 누리게 된다. 이 축제를 일반인도 볼 수 있어서 국내외에서 많은 관광객이 모여든다.

그런데 이 축제의 무대 뒤에서는 매매춘이 이루어지고 있어 문제가 되고 있다. 부모 곁을 떠나 축제를 찾은 소녀들이 베이스캠프에 머물면 그곳에 무리지어 있던 남자들이 소녀를 골라 데리고 나온다. 혹은 소녀들이 근처 강에서 몸을 씻는 동안 남자들이 데리고 나오는 경우도 있는 모양이다.

성에 대해 개방적이다 보니 에스와티니 왕국에서는 에이즈 감염자가 급증하여 성인의 30퍼센트가 에이즈 감염자일 정도다. 참고로 이 나라의 인구는 약 140만 명이다.

음스와티 3세는 축제의 연설에서 소녀들에게 에이즈 예방을 호소했으나 원래 이 축제 자체가 국왕이 아내를 선택하기 위한 것이라

| 그림 22-1 | 에스와티니 왕국 주변 지도

국왕의 연설에 설득력이 없을 뿐더러 효과도 없다.

2018년 4월, 음스와티 3세는 자신의 생일과 독립 50주년을 축하하는 식전에서 나라 이름을 스와질란드에서 에스와티니로 변경한다고 발표했다. 에스와티니란 현지어로 '스와지의 땅'을 의미한다. 이전의 스와질란드는 영국 식민지 시대에 붙여진 이름이라 예전부터 국민들 사이에 나라 이름에 대한 반감이 있었다.

스와질란드 왕국은 절대 왕정

16세기 스와지족이 이끄는 수장 들라미니가 이 지역에 터전을 잡았다. 이후 들라미니가가 지배자가 되면서 현재의 국왕 음스와티 3세에 이른다.

19세기 남아프리카를 식민지로 삼은 네덜란드계 보어인(남아프리카 공화국의 네덜란드계 백인-옮긴이)이 걸핏하면 스와지를 침략하자 스와지족은 이들에 대항하기 위해 힘을 합쳐 스와지 왕국을 건국한다. 하지만 여전히 보어인의 침략이 줄지 않자 1890년대에 들어서 스와지 왕국은 영국에 지원을 요청한다. 하지만 거꾸로 이용당하여 보어인과 영국인의 공동 지배를 받게 된다.

1899년 영국인과 보어인의 이권쟁탈전인 보어 전쟁이 일어나고 여기에서 영국이 승리하자 스와지 왕국은 1906년 영국령이 된다. 이때 들라미니 왕실은 그 존속을 인정받았다.

1910년 영국은 케이프강과 트란스발강 등을 영국령 남아프리카 연방이란 이름으로 통치한다. 이때 남아프리카 연방은 자치권을 부여받았으나 이 자치권을 행사하고 통치에 나선 것은 네덜란드계 보어인들이었다. 스와지는 이 남아프라카 연방과는 별개로 영국의 직접적인 지배를 받았다.

1931년 남아프리카 연방은 영국과 대등한 관계를 보장받아 사실상 독립하지만 스와지에 대한 영국의 지배는 계속된다. 그리고 1968년 마침내 영국에서 독립하여 스와질란드 왕국이 된다.

독립 후 스와질란드 왕국은 절대 왕정을 고수했다. 그 사이 민주화 운동도 일어났으나 국왕이 이를 탄압하여 오늘날까지도 이 체제가 계속되고 있다.

80년 가까이 재위한 소부자의 뒤를 이어 아들 음스와티 3세가 1986년에 즉위했다. 음스와티 3세는 들라미니 왕조의 8대 국왕이다. 아버지와 마찬가지로 절대 왕정을 고수하며 민주화 운동과 시위·파업에 대해 비상사태를 선언하고 민중을 탄압했다.

현재 에스와티니 왕국은 실업률이 약 25퍼센트에 달하고 에이즈 감염이 확대되는 등 많은 문제를 안고 있다. 하지만 음스와티 3세는 15명이 넘는 아내를 거느리며 사치스러운 생활을 하고 있어 국민들에게 큰 비판을 받고 있다.

'천공의 왕국' 레소토

오늘날 아프리카에는 왕국이 세 곳 남아 있다. 에스와티니 왕국 (구 스와질란드 왕국)과 레소토 왕국, 모로코 왕국이다.

레소토 왕국은 '천공의 왕국'이라고도 불린다. 국토 전체가 해발 1400미터를 넘는 산악지대에 위치해 있는데, 그 위에 펼쳐진 천공의 절경이 전 세계 관광객을 매료시킨 덕이다. 현재 인구는 약 200만 명에 이른다.

레소토의 역사를 짧게 살펴보면 16세기 이후, 소토족이 레소토에서 독립된 세력권을 형성했다. 그리고 1818년 소토족 족장인 세이소가의 모셰셰 1세가 레소토 왕국을 창시했다.

레소토 왕국은 에스와티니 왕국과 마찬가지로 네덜란드계 보어인의 침략을 받아 영국에 보호를 요청했다. 영국은 이를 역으로 이용하여 레소토 왕국은 1868년에 영국의 보호령이 된다. 이후 영국의 지배를 받았으나 세이소 왕조의 존속은 인정받았다.

1966년 영국에서 독립, 세이소가의 모셰셰 2세가 국왕에 오르며 레소토 왕국이 탄생한다. 입헌군주제를 기조로 하지만 정세가 안정되지 않아서 1980년대 이후 군의 쿠데타가 자주 발생했다. 현재의 국왕은 모셰셰 2세의 아들인 레치에 3세다.

무함마드의 후예를 자처하는 모로코 왕실

모로코 왕실은 스스로 예언자 무함마드의 후예라 칭한다. 왕가인 알라위가는 아랍의 하심가와 마찬가지로 알리의 아들 하산의 혈통을 이어받았다고 본다.

알라위가의 시조인 물레이는 13세기 후반에 교역을 위해 아라비아반도에서 모로코로 이동해 와서 일족과 함께 터를 잡았는데, 이 물레이를 하산의 후예(샤리프)라고 추정한다.

1631년 세력을 확장한 알라위가는 알라위 왕조를 창시한다. 알라위 왕조는 모로코 호족들의 뜻에 따라 1640년 스스로 술탄이라 칭하고 오스만 제국의 술탄에 대항한다. 그리고 오스만 제국과는 알제리

| 그림 22-2 | 알라위 왕조 모로코의 세력 확대(17세기 후반)

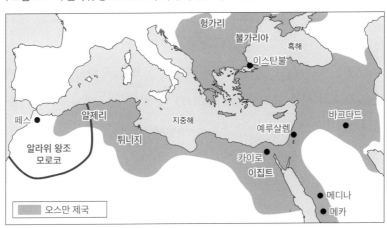

국왕	재위기간
무함마드 5세	1957년~1961년
하산 2세	1961년~1999년
무함마드 6세	1999년~현재

의 영유권을 둘러싸고 전쟁을 벌인다. 17세기 후반 알라위 왕조는 페스에 수도를 정하고 전성기를 맞이한다.

하지만 19세기 후반 영국, 스페인, 프랑스가 이곳에 진출하며 불평등조약을 체결한다. 그리고 1912년 프랑스가 모로코를 보호국으로 지정하면서 사실상 프랑스의 식민지가 된다.

1954년 프랑스가 인도차이나 전쟁에 패하자 같은 프랑스 식민지였던 알제리에서 독립 전쟁이 발발하는 등 수세에 몰린다. 이 기회를 틈타 알라위가의 무함마드 5세가 프랑스와 교섭하여 독립을 인정받는다.

1956년 모로코 왕국이 성립하자 무함마드 5세는 그때까지 알라위가의 군주가 사용하던 술탄의 칭호를 버리고 국왕의 칭호를 사용한다.

무함마드 5세는 입헌군주제를 바탕으로 하는 국가체제를 구축했으나 국왕의 강한 권한은 놓지 않았다. 현재의 국왕은 무함마드 5세의 손자인 무함마드 6세다.

과거 아프리카에는 32개의 왕국이 있었다

고대 아프리카에서는 이집트의 파라오가 왕국을 형성했다. 특히 아프리카 동부는 이집트와 아라비아반도 같은 외부 세력에 둘러싸여 있어 이들에 대항하기 위해서라도 강대한 왕권이 필요했다. 따라서 필연적으로 왕국이 존립했다. 하지만 외부 세력이 없어 집권적 왕국이 필요 없었던 서·중남부 아프리카에는 여러 부족이 난립했다.

그러다가 8세기 이후, 아프리카 전역에서 이슬람 상인과의 교역이 활발해지자 교환물자로 쓰이던 황금을 관리하기 위해 강력한 왕권이 필요하게 되었다. 8세기 니제르강 유역에 탄생한 가나 왕국이 그 대표적인 예라 할 수 있다.

북아프리카에서 이슬람 왕조가 성립하자 중·남부에서도 아프리카 부족이 세운 독자적인 왕조가 잇달아 형성되었다. 14세기 무렵에는 아프리카 전체 중에 큰 왕국만 32개에 이르렀다.

이 시대에 니제르강 유역에서 가나 왕국에 이어 말리 왕국이 최전성기를 맞으며 만사 무사(역대 세계 최고의 부호로 알려진 말리 왕국의 제9대 왕 ─ 옮긴이) 왕이 등장한다. 만사 무사 왕은 열렬한 이슬람 신자로 메카로 순례를 가는 길에 카이로 등의 도시에서 엄청난 양의 금을 소비했다. 만사 무사 왕의 순례 일행은 가신 6만 명, 노예 1만 2,000명으로 꾸려졌는데, 노예에게는 각각 무게 약 2킬로그램의 금막대기를 들게 했다.

아프리카 남부의 잠베지강 유역에서는 15세기에 모노모타파 왕국이 세워졌다. 이 왕국에서 발견된 짐바브웨 석조유적을 보면 당시 이 지역에 고도의 궁전문화가 번영했음을 엿볼 수 있다.

하지만 16세기 이후, 아프리카의 여러 왕국은 인접한 세력과 서로 다툼을 벌이며 쇠퇴하거나 멸망·분열하게 된다. 이후 17~18세기가 되면 유럽이 진출하여 아프리카를 지배하기 시작하여 1900년경에는 에티오피아와 라이베리아를 제외한 아프리카 전체가 유럽 열강에 의해 분열된다.

왜 독립 아프리카는 왕국이 되지 못했는가

제2차 세계대전 후, 아프리카 각지에서 본격적으로 독립 운동이 일어난다. 이들 나라에서는 독립 운동의 지도자가 민중을 이끌어 전쟁을 벌이고 독립한 후에 그 지도자가 공화국의 대통령 등 원수가 되는 사례가 많았다. 1957년에 독립한 가나의 콰메 은크루마 대통령, 1958년에 독립한 기니의 세쿠 투레 대통령이 그 대표적인 예다.

이어서 1960년 나이지리아 등 아프리카의 17개국이 일제히 독립을 이루어 이 해를 '아프리카의 해'라고 부른다. 주요 국가로는 나이지리아(영국으로부터), 콩고(벨기에로부터), 토고(프랑스로부터), 카메룬(프랑스로부터), 소말리아(이탈리아로부터), 마다가스카르(프랑스로부터)가 있다.

이러한 나라는 모두 공화국이 되었다. 각각의 나라에서 왕이 되어도 이상하지 않을 유력한 부족과 수장이 있고 또 생존자 중에는 과거에 왕족이었던 인물도 있었으나 전후 독립운동가 세력이 주도권을 쥐면서 왕국이 되는 길을 선택하지 않았다.

독립 운동 병사들은 대부분 가난한 서민이어서 왕족과 귀족에 대한 반발도 있었다. 따라서 지도자들도 표면적으로 공화제를 내세우고 서민에게 부를 골고루 나눠준다고 약속하지 않으면 안 되었다.

하지만 그들이 내세운 공화국에서는 정치가 제대로 정착하지 못

| 그림 22-3 | 아프리카 주요국

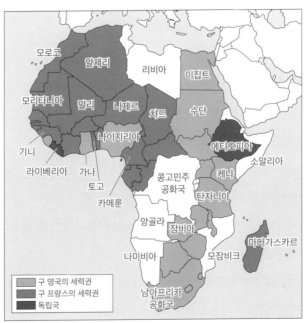

해 자주 폭동이 일어났다. 그리고 지도자는 점차 독재화되어 인민을 억압했다. 또한 기아가 자주 발생하여 발전할 기회마저 잃게 되었다.

왕국이 무너진 나라: 이집트, 리비아, 튀니지

이러한 가운데 왕국으로서 독립한 드문 예가 1922년에 독립한 이집트, 1941년에 독립한 에티오피아(제국으로 독립), 1951년에 독립한 리비아, 1956년에 독립한 모로코와 튀니지다. 여기에 앞에서 서술한 에스와티니와 레소토도 포함된다.

이집트는 고대 왕조 시대, 피라미드 건설 등에서 볼 수 있듯이 찬란하게 번영했으나 지정학적으로 아프리카와 유럽, 나아가 중동을 잇는 곳에 자리한 탓에 외부 세력의 끊임없는 침입을 받았다. 로마제국, 오스만 제국, 그리고 근대에 들어서는 영국의 침략을 받았다.

제1차 세계대전 후 이집트에서 반영 운동이 심해지자 1922년 영국은 왕국(무함마드 알리 왕조)으로서의 이집트의 독립을 인정한다. 하지만 당시 이집트 왕은 영국의 꼭두각시여서 이집트에 대한 영국의 큰 영향력은 계속되었다.

독립한 왕국은 입헌군주제를 내세웠으나 정세를 안정시키지 못하자 1952년 군이 쿠데타(이집트 혁명)를 일으키고 국왕 파루크 1세를 추방한다. 이듬해, 쿠데타의 지도자 무함마드 나기브가 대통령에 취임하여 공화국을 수립한다. 1956년에는 유명한 가말 압델 나세르가 대통령에 취임하여 이집트를 이끈다.

한편 리비아는 오스만 제국령이었으나 1911년 이탈리아-터키 전쟁에서 이탈리아에 넘겨지며 식민지가 된다. 제2차 세계대전 중인 1943년 이탈리아가 패전한 후에는 영국과 프랑스의 공동 지배를 받는다. 이때 영국이 리비아 키레나이카 지방의 수장 무함마드 이드리스를 이용해 석유자원의 이권을 쥐었다.

1951년 리비아는 영국의 지원을 받은 무함마드 이드리스가 국왕에 올라 이드리스 1세가 되면서 왕국으로 독립한다. 이드리스 1세는 영국의 석유자원에 대한 이권을 보전해주는 꼭두각시 왕이었다. 이에 이드리스 1세가 국민의 반발을 샀고, 1969년 무아마르 카다피의 주도로 쿠데타가 일어난다. 결국 이드리스 1세는 이집트에 망명하고 카다피가 공화국 수립을 선언하면서 사실상의 원수가 된다.

1881년 프랑스는 오스만 제국령의 일부였던 튀니지를 보호령으로 지정하고 지배하다

이드리스 1세. 1965년. 영국에 편의를 봐주기만 하는 국왕에 쿠데타를 일으킨 카다피는 국민의 영웅이 되었다.

전후 1956년에 독립을 인정한다. 이때 프랑스는 오스만 제국 밑에서 대대로 튀니지 총독(베이) 자리를 세습하던 후사인가의 수장 무하마드 8세 알 아민을 국왕으로 추대하고 배후에서 조종한다.

하지만 꼭두각시 왕에 대한 국민들의 불만이 높아지자, 이듬해 1957년 수상 하비브 부르기바가 일방적으로 군주제를 폐기하고 공화국 수립을 선언한다. 대통령이 된 부르기바는 사회주의 체제를 표방했다.

에티오피아는 제국인가

19세기 말 에티오피아 황제 메넬리크 2세는 이탈리아의 침략으로 벌어진 아두와 전투에서 이탈리아군을 격퇴한다(제1차 에티오피아 전쟁). 메넬리크 2세는 독립을 유지한 위대한 황제로 유명하다.

하지만 1935년 이탈리아 무솔리니 정권(베니토 무솔리니가 이끌던 이탈리아의 파시즘 정권 - 옮긴이)의 맹공(제2차 에티오피아 전쟁)을 막아내지 못하고 이듬해 수도 아디스아바바가 함락되면서 곧바로 이탈리아의 식민지가 된다. 당시의 황제 하일레 셀라시에 1세는 영국으로 망명했다. 1941년 하일레 셀라시에 1세는 영국의 지원을 받아 이탈리아군을 무찌르고 아디스아바바로 귀환하여 독립한다.

1974년 쿠데타가 일어나자 하일레 셀라시에 1세는 폐위되고, 혁

명 정권은 소련의 지원을 받아 급진
적인 사회주의화를 추진했다. 하지만
1991년 사회주의 정권은 붕괴된다.

과거 에티오피아는 제국이었고 그
군주는 황제였다. 그들은 무엇을 근
거로 제국 혹은 황제라 칭한 것일까?

1270년 예쿠노 암라크는 기원전
10세기에 번성했던 고대 이스라엘 왕
국의 성왕 솔로몬의 후예를 자처하며
에티오피아 제국을 건국하고 스스로
황제라 칭했다. 그래서 그가 세운 왕
조를 솔로몬 왕조라 부른다. 이에 관
해 실제로는 아무런 근거가 없으나
예쿠노 암라크는 자신이 솔로몬 왕의
후예이고 '왕 중의 왕'이라 할 수 있는
황제라는 칭호야말로 자신에게 걸맞

메넬리크 2세. 1910년대. 아두와 전투에서는 직
접 군을 이끌고 싸운 용맹한 황제이기도 했다.

다고 생각했다. 에티오피아 제국은 최대 영역이 현재의 소말리아, 지
부티, 케냐, 남수단, 아라비아반도의 일부에까지 이르러 제국이란 이
름값을 톡톡히 했다고도 할 수 있다.

그렇다고 해서 예쿠노 암라크가 황제를 칭한 것에 충분한 근거와
명분이 있었다고는 할 수 없다. 하지만 황제의 자리가 예쿠노 암라

하일레 셀라시에 1세. 1934년. 에티오피아의 마지막 황제. 전제정치를 펼치며 개혁을 게을리하여 경제를 정체시키는 등 쿠데타의 원인을 제공했다.

크의 자손에게 계승되면서 제국과 황제란 칭호가 기정사실화되었다.

에쿠노 암라크가 세운 솔로몬 왕조는 다른 여러 왕조에 의해 중단되어 황제가 존재하지 않던 시절도 있었다. 하지만 솔로몬 왕조의 혈통은 면면히 이어져 내려와 마지막 황제인 하일레 셀라시에 1세가 1974년에 추방될 때까지 계속되었다.

에티오피아에서는 이슬람교가 탄생하기 전부터 기독교가 전파·보급되었다. 에티오피아의 기독교를 콥트 Copt라 부르는데, 콥트란 아라비아어로 '이집트'를 의미한다. 에티오피아 황제는 대대로 열렬한 콥트 신자로 기독교를 보호했다.

23

왜 미국은
왕이 없을까

잉카 제국은 '제국'인가

과거 아메리카 대륙에 있던 대표적 군주 국가가 잉카 제국과 아스테카 왕국이다. 이 중 잉카 제국의 수장을 사파 잉카라 하는데, 잉카는 '왕'을, 사파는 '유일한'이란 뜻으로 유일한 왕, 즉 황제라는 말이다.

현재의 에콰도르, 페루, 칠레, 아르헨티나는 과거 잉카 제국의 영역으로 그 안에 인디안 부족이 여러 왕국과 수장국을 형성하고 있었다. 여기에 쿠스코 주변의 작은 부족에 불과했던 케추아족(잉카족)이 이러한 주변 부족을 합병하여 세력을 확장했다.

1438년, 케추아족의 수장 파차쿠틱이 여러 왕국을 통합하여 잉카 제국을 창시하고 사파 잉카에 오른다. 잉카 제국의 황족은 혈통을 중시하여 일족이 근친결혼을 되풀이했다.

한편 멕시코 고원에 세워진 아스테카 왕국은 '제국'으로 표기되는 경우도 있는데, 그 군주는 대대로 '틀라토아니(왕)'라 칭했으므로 '왕국'으로 표기해야 한다.

12세기 중엽이 되면 아스테카(치치메카)족이 멕시코에서 세력을 확장하기 시작하여 1376년에 족장인 아카마피츠틀리가 틀라토아니에 즉위하여 아스테카 왕국을 건국한다.

잉카 제국의 사파 잉카와 아스테카 왕국의 틀라토아니는 둘 다 신의 화신으로 숭배를 받으며 종교지도자로서의 지위는 매우 탄탄했다. 하지만 세속 권력은 그렇게 강하지 않아서 국내의 각 부족이 군웅 할거했고 이들을 제압할 만한 힘을 갖고 있지 못했다.

16세기, 잉카 제국도 아스테카 왕국도 스페인의 침략을 받아 붕괴되었다. 스페인은 내부의 부족항쟁을 교묘히 이용해 서로 이간질하는 방법으로 이 지역을 효과적으로 침략해 들어갔다.

▌왕국이 남아 있지 않은 라틴아메리카

스페인은 잉카 제국과 아스테카 왕국의 황금을 약탈하고 식민지로 삼아 현지 인디언들을 노예로 부리며 혹사시켰다.

18세기에 들어서면 라틴아메리카에 과거 인디언의 영광을 부흥시키려는 '인디언주의'가 확산된다. 이 중 눈에 띄는 것이 1742년 잉카 제국 최후의 황제 아타우알파 후예를 자처하는 남자의 등장이다. 그는 민중에게 잉카 제국의 부흥을 호소하며 반란을 일으킨다. 1746년 리마에 대지진이 일어났을 때는 "지진은 잉카의 신이 노한 것이다"라고 민중에게 호소하며 불안을 부채질하여 안데스 일대까지 반란을 확산시켰다.

이 일이 있고 얼마 후 아타우알파의 후예를 자처하는 남자는 행방불명이 되었고 반란은 수습되었다. 하지만 그 후에도 인디언주의를 내건 반란이 간헐적으로 발생했다.

1775년 미국의 독립 전쟁이 시작되자 거기에 영향을 받아 라틴아메리카에서도 독립 운동이 시작되었다. 독립 운동 지도자들의 지휘 아래 19세기 전반 라틴아메리카의 여러 나라들이 스페인에서 독립한다.

각국은 독립한 후에 독립 운동 지도자들이 주도권을 잡고 대통령제의 공화국을 건설했다. 오늘날 라틴아메리카에는 33개의 나라가 있는데, 왕국은 하나도 남아 있지 않다. 잉카 제국의 후예로 보이는 자를 추대하여 잉카 제국을 부흥시키고 입헌군주제를 수립하려던 지주 등의 보수파도 있었으나 대부분의 빈곤층·병사들을 배려하여 공화제가 채택되었다.

◾ 영국 왕이 군주인 카리브 국가

벨리즈

바하마

자메이카

세인트키츠네비스

앤티가 바부다

세인트루시아

세인트빈센트 그레나딘

바베이도스

그레나다

한편 영국의 엘리자베스 여왕을 공동 군주로 하는 카리브해 지역의 소군도 국가가 있다. 이들 9개 나라는 과거 영국령이었으며 영국왕을 명목상의 군주로 하는 입헌군주제를 표방한다.

하와이에서는 카메하메하 1세가 1795년 카메하메하 왕조를 세운다. 하지만 19세기 후반 아메리카 이민이 급증하자 1893년 이민자들의 주도로 혁명이 일어나 왕조가 붕괴되고 공화제가 수립된다. 그리고 1898년 미국에 병합되었다.

스페인 군인이 멕시코 황제로

19세기 전반, 라틴아메리카 제국이 공화국으로 독립한다. 그런데 그 예외가 있었으니 멕시코와 브라질이었다.

스페인군의 사령관으로 멕시코에 재임하던 아구스틴 데 이투르비데는 미겔 이달고(멕시코 독립 초기 지도자로 '멕시코 독립의 아버지'라 평가된다. - 옮긴이)가 이끄는 독립 운동을 탄압했다. 하지만 시간이 지나면서 차츰 독립 운동에 공감했고, 자신의 야심을 채우기 위해 독립세력에 협조하게 된다. 그는 독립 세력과 함께 스페인군을 물리치고 1821년 멕시코 독립에 성공한다.

아구스틴 데 이투르비데는 독립 후 황제의 자리에 오르고 아구스틴 1세임을 천명했다. 왕이 아니라 황제라고 칭한 것은 스스로 왕의 혈통이 아님을 자각하고 있었고 이전 시기에 황제의 관을 받은 나폴레옹에 영향을 받았기 때문이다. 어쨌든 아구스틴 데 이투르비데에게 황제가 될 만한 명분은 없었다.

멕시코는 풍요로운 곡창지대가 펼쳐져 있어 지주 등의 보수파가 강대한 힘을 지니고 있었다. 그 보수층이 아구스틴 1세의 제정을 열렬히 지지해주었다.

하지만 다수 빈곤층의 반발로 인해 제정 수립 1년도 채 지나지 않아 1823년 붕괴되고, 아구스틴 1세는 유럽으로 망명했다.

그 후 멕시코는 혼란기를 거쳐 공화국이 되었다가 1864년에 다시 제정이 된다(멕시코 제2제정).

합스부르크 황족이 멕시코 황제가 되다

멕시코 제2제정의 출범과 함께 새로 황제가 된 이는 오스트리아 합스부르크가 출신의 페르디난트 막시밀리안 요제프(막시밀리안 1세 – 옮긴이)다. 막시밀리안의 형은 오스트리아 황제 프란츠 요제프다. 그렇다면 왜 합스부르크 황족의 일원이 멕시코에 온 것일까?

1862년 멕시코 공화국의 자유주의자 베니토 후아레스(멕시코의 아메리카 원주민 출신 법률가로, 1857~1872년까지 멕시코의 대통령을 역임했다. – 옮긴이) 대통령은 일방적으로 국채의 이자 지불 정지를 선언하여 채권

자인 프랑스, 스페인, 영국의 분노를 샀다. 이를 계기로 프랑스의 황제 나폴레옹 3세는 멕시코에 대한 침략을 개시한다.

이때 영국은 중국과 아편 전쟁을 벌이느라 멕시코 문제에 개입할 여유가 없었다. 스페인도 정세가 불안정했고 미국도 남북 전쟁이 한창이라 개입할 수가 없었다. 실질적으로 움직일 수 있었던 것은 프랑스밖에 없었다. 1863년 프랑스는 3만 명의 병력을 보내 멕시코시티를 함락시켰다.

멕시코의 유력자와 보수파는 자유주의를 내세우는 후아레스 정권에 반발하여 군주제를 수립하려 했다. 이에 나폴레옹 3세는 과거 스페인 왕령 시대의 영화를 떠올리게 하는 합스부르크 황실의 막시밀리안을 멕시코 황제로 추대한다.

멕시코의 유력자들은 현지에서 태어난 스페인인이었다. 이 현지에서 태어난 스페인인에게 프랑스는 침략자이며 경계해야 할 대상이었다. 그래서 프랑스는 스페인 합스부르크가와도 멀리 보면 핏줄이 연결된 막시밀리안이라면 정통성이 있으니 멕시코 보수파를 납득시킬 수 있을 것이라 생각했다.

당초 막시밀리안은 프랑스의 나폴레옹 3세를 신뢰하지 않았다. 프랑스의 꼭두각시가 되리란 사실도 잘 알고 있었다. 하지만 아무것도 상속받지 못한 자신의 처지에 불만이 많았던 막시밀리안은 소국이든 프랑스의 꼭두각시든 일국의 주인이 될 수 있다는 사실에 만족하여 멕시코 황제가 되기를 자처했다.

황제 막시밀리안의 처형

막시밀리안은 진보적 사상의 소유자였다. 오스트리아가 당시 자유주의자와 헝가리 독립운동가를 탄압하자 이를 비판하기도 했다.

멕시코 황제가 된 막시밀리안 1세는 자유주의적 개혁을 실시하여 인디언을 농노화하는 농지 제도를 폐지했다. 이 일로 보수파 유력자들이 그에게서 등을 돌렸다. 그렇다고 후아레스로 대표되는 자유주의자의 지지를 받은 것도 아니었다. 군주제를 부정하는 그들이 막시밀리안 1세를 지지하기 만무했기 때문이다. 막시밀리안 1세는 점차 고립되었다.

1865년 베니토 후아레스를 대표로 하는 자유주의자들이 남북전쟁을 끝낸 미국의 지지를 받아 막시밀리안 1세와 프랑스군에 반란을 일으킨다.

멕시코 보수층에 버림받은 막시밀리안 1세 정권은 힘을 잃었다. 설상가상으로 프랑스의 인접국인 프로이센이 비스마르크의 지휘 아래 세력을 확대하자 나폴레옹 3세는 프랑스군을 멕시코에

<막시밀리안 황제의 처형>. 에두아르 마네 그림, 1868년. 런던 내셔널 갤러리 소장. 이 그림을 본 문학자 에밀 졸라는 "막시밀리안은 프랑스에 의해 살해당했다"고 말했다.

서 철수시켰다. 나폴레옹 3세가 막시밀리안 1세를 배신한 것이다.

1867년 막시밀리안 1세는 반란군에게 체포되었다. 후아레스는 개인적으로 막시밀리안 1세에 대해 호의를 갖고 있었으나 그의 처형을 막지는 않았다.

멕시코는 공화국으로 돌아갔다. 하지만 후아레스의 자유주의 노선은 멕시코의 혼란을 가중시켰다. 후아레스가 세상을 떠난 후, 군인인 포르피리오 디아스가 1876년 쿠데타를 일으키고 독재 체제를 마련한다.

▌노예제를 폐지한 브라질 황제

브라질도 제국이었다는 사실을 아는가? 16세기 이래로 브라질은 포르투갈의 식민지였다. 1808년, 나폴레옹이 포르투갈을 침략하자 왕족(브라간사가)이 브라질로 도망치면서 브라질은 별안간 포르투갈 본국과 대등한 왕국으로 승격된다.

나폴레옹이 실각하자 1821년 주앙 6세는 포르투갈의 리스본으로 귀환했다. 그리고 포르투갈 국왕과 브라질 국왕을 겸하며 브라질을 섭정하기 위해 황태자 동 페드루를 현지로 보내 통치를 맡겼다.

주앙 6세는 브라질에 무거운 세금을 매기고 강한 압력을 가하여 현지 지주보수층(브라질에 자리잡은 포르투갈인)의 반발을 샀다. 야심가였던 동 페드루는 지주보수층과 손을 잡고 포르투갈 본국에 대항한다. 그리고 1822년 독립을 선언한 후 브라질 제국(브라간사 왕조)을 세우고 스스로 황제의 자리에 오른다.

동 페드루가 왕이 아니라 황제가 된 데는 멕시코 황제에 오른 아구스틴 1세의 영향이 없지 않았다. 또한 광대한 브라질 지역을 통치하는 군주라면 황제가 어울린다고 생각했던 것이다. 어쨌든 간에 그에게 황제라고 내세울 만한 충분한 명분은 없었다.

한편 진보적 사상을 갖고 있었던 동 페드루는 노예제 폐지 등 사회 전

브라질 제국의 황제 동 페드루. 존 심슨 작품의 모사, 1935년, 상파울루 미술관 피나코테카 소장. "내 피 색깔은 흑인과 같은 색이다"라고 말하며, 백인우월주의를 부정했다. 왕후 귀족의 혈통주의도 싫어했다.

반을 개혁하여 지주보수층과 심한 마찰을 일으켰다.

1826년 포르투갈 본국에서 부왕 주앙 6세가 세상을 떠나자 동 페드루는 포르투갈의 왕위계승권을 주장했다. 하지만 본국의 보수파는 동 페드루의 계승권을 인정하지 않았고 그 대신에 동 페드루의 동생을 새로운 국왕으로 옹립했다. 이로 인해 동 페드루는 동생 및 보수파와 대립한다.

하지만 동 페드루는 브라질에서도 고립되어 1831년 브라질 황제

의 자리를 장남 페드루 2세에게 넘겨주었다. 이후 페드루 2세는 58
년간 브라질을 통치한다. 아버지와 마찬가지로 진보적 사상의 소유
자였던 페드루 2세는 1888년에 노예제를 과감히 폐지했다. 하지만
지주보수층이 이에 분노하여 군부와 결탁하고 이듬해 쿠데타를 일
으킨다. 이 쿠데타로 페드루 2세는 폐위되고 포르투갈로 망명하면서
브라간사 왕조의 브라질 제국은 무너진다.

이후 브라질은 공화국이 된다. 혼란기가 지속되다가 1930년대
에 제툴리우 바르가스 대통령이 독재 체제를 구축하고 나서야 정세
가 안정되었다.

▎ 워싱턴은 왕의 자리를 고사했다

1775년부터 1783년까지 이어진 독립 전쟁에서 승리한 미국은 영
국의 지배에서 완전히 벗어난다. 당시의 영국 국왕 조지 3세는 미국
을 놓친 것을 죽을 때까지 후회했다고 한다.

미국 건국에 참여한 사람들은 영국 지배에 저항하던 사람들이라
군주제를 혐오했다. 그래서 미국에서는 대통령제를 선택하고, 독립
전쟁의 지도자였던 조지 워싱턴을 초대 대통령으로 선출한다. 당초
군부에서는 워싱턴을 국왕에 올리려 했으나 워싱턴이 이를 거부했
다. 그는 군주제가 미국의 건국정신에 반하는 제도라고 주장했다.

공화주의자였던 조지 워싱턴은 사람들의 말에 귀 기울일 줄 아는 소탈한 행동의 소유자로 유럽의 왕족을 흉내 내는 짓 따위는 하지 않았다. '각하'라는 경칭으로 불리는 것도 싫어하여 '미스터 프레지던트Mr. President'라는 호칭이 정착되었다.

워싱턴은 다른 사람의 말에 귀 기울일 줄 알면서도 결단력과 행동력이 있었다. 워싱턴의 명성이 높았던 터라 주변에서도 대통령직을 한 번 더 맡아달라고 요청했고 워싱턴도 처음에는 거절하다 결국에는 수락한다. 그러나 세 번째 요청을 받았을 때는 단호히 거부했다. 그래서 미국의 대통령은 두 번까지만 가능하다는 관례가 만들어졌다.

이 정례를 깬 것이 프랭클린 루스벨트(미국의 제32대 대통령으로, 1941년 일본의 진주만 공격을 계기로 참전하여 일본과 싸우며 세계대전 참전에 미국의 인력과 자원을 조직화하는 작업을 조율했다. -옮긴이) 대통령이다. 제2차 세계대전 중이라는 이유로 4선이나 했지만, 현재는 1951년 아메리카합중국 수정 헌법 제22조에 따라 2회까지만 가능한 것으로 정착되었다.

캐나다의 왕은 엘리자베스 여왕

캐나다는 입헌군주제 국가라서 국왕이 있다. 바로 영국 국왕 엘리자베스 2세다.

캐나다는 원래 영국의 식민지였다. 그런데 남북 전쟁 후 아메리카합중국의 힘이 강해지면서 합중국에 합병될 가능성이 높아졌다. 그러자 1867년 영국은 정치적으로 안정을 꾀하기 위해 캐나다에 자치권을 주었고 1931년에는 캐나다의 완전한 독립을 인정했다.

독립 후에도 캐나다는 영국과 느슨한 연합관계를 유지한다(영국 연방에 소속). 그 연합관계의 증거로 공통된 국가 원수(영국 왕)를 모신다는 규정이 웨스트민스터 헌장에 나와 있다. 이 규정에 따라 오늘날에도 캐나다는 영국 왕을 명목상의 군주로 여긴다.

오스트레일리아도 캐나다와 마찬가지로 영국과 연합관계를 맺고 영국 왕을 공통의 국가 원수로 여긴다. 오스트레일리아는 과거 영국의 식민지였으나 1901년 영국으로부터 독립하여 오스트레일리아 연방을 세웠다.

하지만 그 후 독립 국가인데도 국가 원수가 영국 왕인 것이 이상하다는 여론이 받아들여지며 1999년 공화제로의 이행을 묻는 국민투표가 실시되었다. 하지만 공화제 이행에 반대하는 표가 과반수를 넘는 바람에 공화제는 실현되지 않았다.

캐나다와 오스트레일리아 연방 외에 뉴질랜드, 파푸아뉴기니, 솔로몬제도, 투발루와 앞에서 소개한 카리브 국가 9개국을 포함해 총 16개국(영국 포함)이 영국 왕을 공통된 국가 원수로 정하고 있다.

명목상의 군주라고는 하나 엘리자베스 여왕은 이들 16개국의 국가의식과 공식행사의 주최자가 되거나 의례적 국사 행위와 축전을 보내는 등 적지 않은 공무를 담당하고 있다.

▌참고문헌 ▌

○ 『유전의 왕비 쇼와사(원서: 流転の王妃の昭和史)』, 아이신카쿠라 히로(愛新覚羅浩) 지음, 中公文庫, 2012년

○ 『나의 반생 — '만주국' 황제의 자서전(원서: わが半生 -「満州国」皇帝の自伝)』〈상ㆍ하〉, 아이신카쿠라 후기(愛新覚羅溥儀) 지음, 오노 시노부(小野忍) 옮김, 筑摩叢書, 1977년

○ 『고대 메소아메리카 문명 – 마야ㆍ티오티와칸ㆍ아스테카(원서: 古代メソアメリカ文明-マヤ・テオティワカン・アステカ)』, 아오야마 가즈오(青山和夫) 지음, 講談社選書メチエ, 2007년

○ 『황실 150년(원서: 皇室150年史)』, 아사미 마사오(浅見雅男), 이와이 가쓰미(岩井克己) 지음, ちくま新書, 2015년

○ 『전제국가사론(원서: 専制国家史論)』, 아다치 게이지(足立啓二) 지음, ちくま学芸文庫, 2018년

○ 『사이크스피코협정 백년의 저주(원서: サイクス=ピコ協定 百年の呪縛)』, 이케우치 사토시(池内恵) 지음, 新潮選書, 2016년

○ 『카를 비트포겔의 동양적 사회론(원서: K・A・ウィットフォーゲルの東洋的社会論)』, 이시이 도모아키(石井知章) 지음, 社会評論社, 2008년

○ 『솔로몬 왕조 에티오피아 왕국의 흥망 – 오로모 진출 후 왕국사의 재검토(원서: ソロモン朝エチオピア王国の興亡 – オロモ進出後の王国史の再検討)』, 이시카와 히로키(石川博樹) 지음, 山川出版, 2009년

○ 『왕실과 불경죄 푸미폰 왕국과 태국의 혼미(원서: 王室と不敬罪 プミポン国王とタイの混迷)』, 이사와 아쓰시(岩佐淳士) 지음, 文春新書, 2018년

○ 『문명의 생태사관(원서: 文明の生態史観)』, 우메사오 다다오(梅棹忠夫) 지음, 中公文庫, 1998년

○ 『합스부르크 왕가(원서: ハプスブルク家)』, 에무라 히로시(江村洋) 지음, 講談社現代新書, 1990년

○ 『이야기 멕시코의 역사 – 태양의 나라의 영걸들(원서: 物語 メキシコの歴史 – 太陽の国の英傑たち)』, 오가키 기시로(大垣貴志郎) 지음, 中公新書, 2008년

○ 『몽골 제국에서 대청 제국으로(원서: モンゴル帝国から大清帝国へ)』, 오카다 히데히로(岡田英弘) 지음, 藤原書店, 2010년

○ 『칭기즈 칸과 그 자손 또 하나의 몽골통사(원서: チンギス・ハーンとその子孫もうひとつのモンゴル通史)』, 오카다 히데히로(岡田英弘) 지음, ビジネス社, 2015년

○ 『금성의 포로 마지막 황제 - 사생활 비문(원서: 禁城の虜 ラストエンペラー - 私生活秘聞)』, 가토 야스오(加藤康男) 지음, 幻冬舍, 2014년

○ 『세계 왕실 최신맵(원서: 世界王室最新マップ)』, 時事通信社 편집, 新潮OH! 文庫, 2011년

○ 『오스만 제국 이슬람 세계의 '관대한 전제'(원서: オスマン帝国 イスラム世界の「柔らかい専制」)』, 스즈키 다다시(鈴木董) 지음, 講談社現代新書, 1992년

○ 『빌헬름 2세 - 독일 제국과 운명을 함께 한 '국민황제'(원서: ヴィルヘルム2世 - ドイツ帝国と命運を共にした「国民皇帝」)』, 다케나카 도루(竹中亨) 지음, 中公新書, 2018년

○ 『쑨원 ― 근대화의 기로(원서: 孫文 ― 近代化の岐路)』, 후카마치 히데오(深町英夫) 지음, 박제이 옮김, 에이케이커뮤니케이션즈, 2018

○ 『버마의 마지막 황제 티보 왕과 수파라얏 왕비(원서: ビルマのラストエンペラー ティーボー王とスーペャ・ラ王妃)』, 후지사키 가즈오(藤崎一雄) 지음, 創英社 / 三省堂書店, 2018년

○ 『로버트 필머의 정치사상 - 로크가 부정한 왕권신수설(원서: ロバート・フィルマーの政治思想 - ロックが否定した王権神授説』, 후루타 다쿠야(古田拓也) 지음, 岩波書店, 2018년

○ 『30명의 '왕'으로 읽는 세계사(원서: 30の「王」からよむ世界史)』, 모토무라 료지(本村凌二) 감수, 조사무소(造事務所) 편집, 日経ビジネス人文庫, 2018년

○ 『세계의 왕실 지식대전(원서: 世界の王室うんちく大全)』, 야와타 가즈오(八幡和郎) 지음, 平凡社新書, 2013년

○ 『국가는 왜 실패하는가(원서: Why Nations Fail)』, Daron Acemoglu, James A. Robinson 지음, 최완규 옮김, 시공사, 2012년

○ 『합스부르크가 - 제국의 체현자(원서: The Habsburgs - Embodying Empire)』, Andrew Wheatcroft 지음, 1995년

○ 『왕의 전쟁, 1641-1647(원서: The King's War, 1641-1647)』, Cicely Veronica Wedgwood 지음, 1958년

○ 『빌렘 침묵공(원서: William the Silent)』, Cicely Wedgwood 지음, 1944년

○ 『국가의 신화(원서: The Myth of the State)』, Ernst Cassirer 지음, 1946년

o 『제왕 ‒ 마지막 왕국(원서: Majestät! ‒ Die letzten großen Monarchien)』, Guido Knopp 지음, 2006년

o 『왕들의 최후의 날(원서: Les derniers jours des rois)』, Patrice Gueniffey 지음, 2014년

o 『제국의 마지막 왕들(원서: La fin des Empires)』, 패트리스 게니페이 지음, 2016년

o 『독재론: 근대 주권사상의 기원에서 프롤레타리아 계급투쟁까지(원서: Die Diktatar)』, Carl Schmitt 지음, 김효전 옮김, 법원사, 1996년

o 『구체제와 대혁명(원서: L'ancien régime et la révolution)』, Alexis Tocqueville 지음, 1856년

o 『프랑스 혁명에 관한 성찰(원서: Reflection on the Revolution in France)』, Edmund Burke 지음, 1790년

o 『빅토리아 여왕을 모시다 ‒ 왕실 안에서의 삶(원서: Serving Victoria ‒ Life in the Royal Household)』, Kate Hubbard 지음, 2012년

o 『비잔틴 제국의 잃어버린 세계(원서: The Lost World of Byzantium)』, Jonathan Harris 지음, 2015년

o 『왕비들의 최후의 날(원서: Les derniers jours des reines)』, Jean-Christophe Buisson 지음, 2015년

o 『제국 ‒ 유럽 변방의 작은 섬나라 영국이 어떻게 역사상 가장 큰 제국을 만들었는가(원서: EMPIRE)』, Niall Ferguson 지음, 김종원 옮김, 민음사, 2006년

o 『현대 중동의 탄생(원서: A Peace to End All Peace)』, David Fromkin 지음, 이순호 옮김, 갈라파고스, 2015년)

o 『세계에서 사라진 나라들 1840-1973년(원서: Nowherelands ‒ An Atlas of Vanished Countries 1840-1975)』, Bjørn Berge 지음, 2017년

o 『마키아벨리 군주론 ‒ 정치적 이상과 현실을 어떻게 조화시킬 것인가?(원서: The Essential Writings of Machiavelli)』, Niccolò Machiavelli 지음, 신동준 옮김, 인간사랑, 2014년

o 『로마사 논고(원서: Discorsi)』, Niccolò Machiavelli 지음, 강정인, 김경희 옮김, 한길사, 2003년

o 『세계의 역사(원서: A World History)』〈1 · 2〉, William H. McNeill 지음, 김우영 옮김, 이산, 2007년

o 『세계경제사개관 AD 1년-2030년(원서: Contours of the World Economy 1-2030 AD)』, Angus Maddison 지음, 2007년

○ 『제국 – 러시아 제국과 그 경쟁국들(원서: Empire – The Russian Empire and Its Rivals)』, Dominic Lieven 지음, 2000년

○ 『아랍 오스만 제국에서 아랍 혁명까지(원서: The Arabs – A History)』, Eugene Rogan 지음, 이은정 옮김, 까치, 2016년

○ 『오스만 제국의 몰락 – 중동의 제1차 세계대전 1914-1920년(원서: The Fall of the Ottomans The Great War in the Middle East, 1914-1920)』, Eugene Rogan 지음, 2015년

○ 『무굴 제국 – 그리고 인디아, 이란, 중앙아시아의 이슬람 왕조(원서: The Mughal Emperors – And the Islamic Dynasties of India, Iran, and Central Asia)』, Francis Robinson 지음, 2007년